# 逛一回鮮活的宋朝民俗

李開周 著

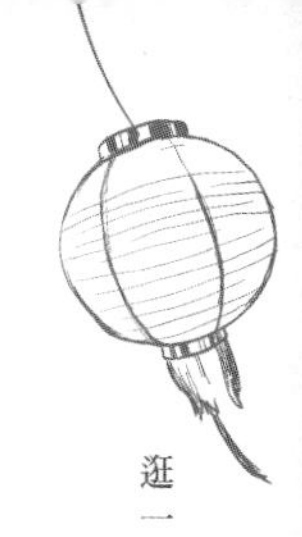

開場白

# 你願意做一個宋朝人嗎？

親愛的朋友，謝謝您翻開這本書。

看書名就知道，這是一本關於宋朝的書。

以前寫過幾本關於宋朝的書，例如寫宋朝美食的《吃一場有趣的宋朝飯局》、寫宋朝茶道的《擺一桌絕妙的宋朝茶席》、寫宋朝過年習俗的《過一個歡樂的宋朝新年》。

這本書繼續談宋朝民俗，但它在內容上要比《過一個歡樂的宋朝新年》豐富得多。因為它不只寫過年，還寫一年當中的大部分節日和節氣，包括立春、清明、寒食、端午、七夕、中秋、重陽、夏至、冬至……

今天華人社會中保留的許多節令習俗，其實早在宋朝以前就定型了，宋朝人在那些習俗方面和我們差不多。比方說，清明節都要掃墓，端午節都要吃粽子，七夕都會想起牛郎和織女，中秋節都會賞月，重陽節都會登高。

但宋朝畢竟過去那麼長時間，社會習俗畢竟不斷變遷，從今天回到宋朝，或者從宋朝回到今天，肯定會發現一些不一樣的地方。

在本書的後半部分，您將會發現宋朝人不太重視清明，但卻非常重視一個與清明緊密相連的節日：寒食。他們在寒食節不僅要放長假，還死守著絕不生火做飯的神祕禁忌。假如有人觸犯了這一禁忌，他可能會受到鄰里街坊的指責與圍攻。

您還會發現，宋朝人過中秋是不吃月餅的。是的，他們拜月，他們賞月，他們講述著嫦娥、后羿、吳剛和玉兔的傳說，但他們不吃月餅。做為烤製而成的有餡甜品，月餅要到明朝才成為八月十五的節令美食。

我們每年都要慶祝的一些西洋節日，如聖誕節、情人節，宋朝人沒有聽說過。而在另一方面，宋朝人珍而重之的一些傳統習俗，我們也沒有聽說過，如二月初二「挑菜節」，七月初七滿街售賣「摩睺羅」，如今只能在宋朝文獻或者這本書裡找到蹤跡。

事實上，這本書要分享給大家的不僅是宋朝節令，更有宋朝人的生活習慣和社會風氣。假設一個人回到宋朝，從幼年到成年，從成年到老年，婚喪嫁娶，生老病死，他要遵守哪些規矩？他會養成什麼習氣？他怎樣求學？怎樣娶妻？怎樣謀生？怎樣交際？在本書的前半部分，您可以找到答案。

本書分為上下兩篇，上篇是〈一個宋朝人的一生〉，談社會習俗；下篇是〈一個宋朝人的四季〉，談節令習俗。我希望透過這樣的編排和敘述，能讓大家對宋朝生活有個盡可能全面但並不乏味的了解。

宋朝是一個很好玩的朝代，但是我相信，凡有耐心讀完這本書的朋友，都不會夢想回到宋朝。

第一，宋朝醫療水準很落後，醫學觀念愚昧，現在看起來基本上沒什麼危險的行為，在宋朝和送死差不多。婦人難產等於送死，嬰兒染病等於送死，士子出遠門水土不服，也等於送死。

第二，宋朝科學技術落後，交通條件很差，沒有汽車，沒有輪船，沒有高鐵，沒有飛機，連WiFi都沒有。我們在現代科技環境中生活，行之而不覺，習焉而不察，回望唐詩、宋詞，白衣如雪，彷彿很有詩意，真要穿越回去，會被憋死的。

第三，宋朝畢竟是帝制時代，人與人在地位上不平等，在法律上不平等，無論官員還是百姓，都要受到許多莫名其妙的約束，想擺脫約束，風險極大。例如本書第二章有寫，連給孩子取名，都有這樣那樣的禁忌。

既然宋朝有這麼多臭毛病，我們幹嘛還要花費時間和精力閱讀這本書呢？

我想我能找到如下理由：

第一，宋朝專制，別的朝代更專制，宋朝皇帝的專制屬於開明專制，溫情脈脈，頗有人味。

第二，宋朝落後，別的朝代更落後。在牛頓他老人家以一人之力為現代科學大廈奠基之前，無論東方還是西方，在科學水平和醫療水準上都處於蠻荒時代。從科技應用和生活富足程度上講，其實宋朝比同時代的西方社會以及此前的隋、唐、五代先進得多。

第三，我們閱讀歷史，是為了鑑古知今，是為了拓展視野，是為了梳理文明發展的脈絡，更直接一些講，是為了獲得精神上的愉悅，而不是為了復古，更不是為了成為古人。就像小朋友愛看《侏羅紀公園》，不代表他們願意回到侏羅紀世界；有些成年人愛逛博物館，也不表示我們喜歡被擺進展示櫃。我的意思是說，我們雖然不願意成為宋朝人，卻不妨隔著這本小書去觀看宋朝人的生活，並從中得到一點點樂趣。

希望這本書沒有辜負您的期望，祝閱讀愉快。

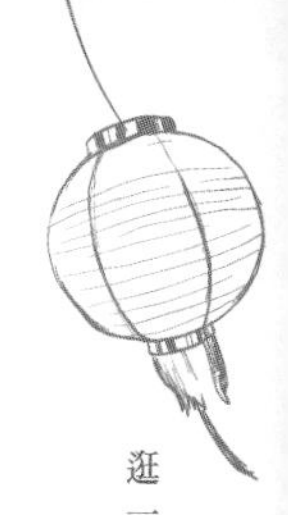



# 目錄

## 第三章　就學

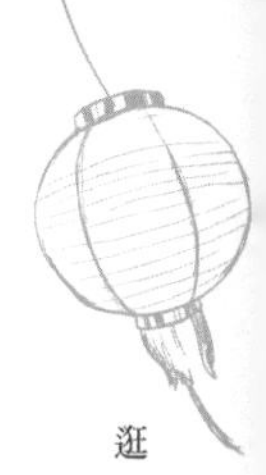



## 第四章　婚嫁



## 第五章　交際

## 第六章　喪葬



# 下篇：一個宋朝人的四季

## 第一章　正月裡來是新年

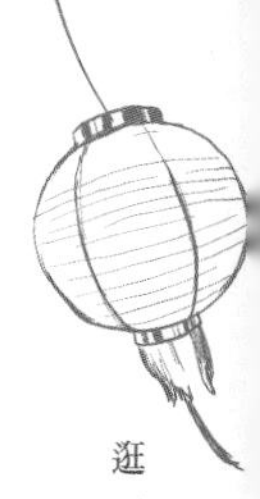





## 第二章　正月十五鬧元宵



## 第三章　二三月的賞心樂事

## 第六章　從立秋到重陽



## 第七章　十冬臘月

# 上篇

## 一個宋朝人的一生

# 第一章　出生

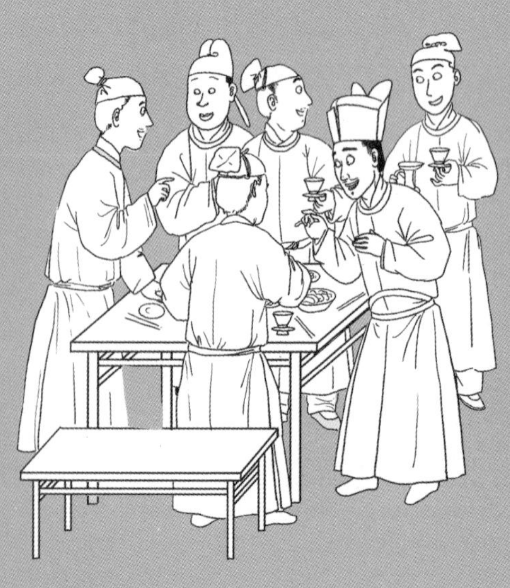

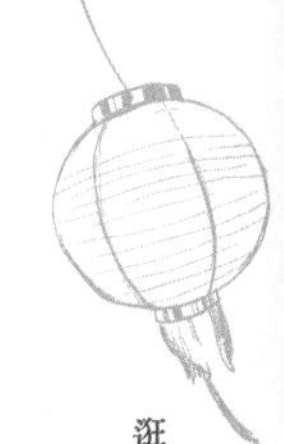



## 龍子鳳孫的存活率

宋太祖生了四個兒子、六個女兒，只有兩個兒子和三個女兒活了下來，夭折率高達五〇%。

宋真宗生了六個兒子、兩個女兒，活下來的只有兩個兒子和一個女兒，夭折率超過五〇%。

宋仁宗生了三個兒子、十三個女兒，結果三個兒子全部夭折，只有三個女兒得以長大成人，後來即位的宋英宗是他的養子，並非親生。

宋神宗生了十四個兒子、十個女兒，其中八個兒子和六個女兒夭折。

宋哲宗生了一個兒子、四個女兒，兒子只活了三個月，活下來的是兩個女兒。因為哲宗無子，後來承繼大統的宋徽宗是他的弟弟。

宋高宗沒有女兒，只生了一個兒子，但非常不幸的是，這個兒子也夭折了，後

▲（宋）蘇焯《端午戲嬰圖》，現藏於臺北國立故宮博物院

來接班的宋孝宗也是他的養子。

宋光宗生了兩個兒子、三個女兒，一個兒子夭折，三個女兒全部夭折。

宋寧宗更加不幸，他有九個兒子和一個女兒，竟然連一個都沒能活下來，夭折率高達一〇〇%！

著名史學家王曾瑜先生做過統計，宋朝十八個皇帝，總共生下一百八十一個兒女，夭折了八十二個，夭折率超過四五%。

那些生下不久就離開人世的寶寶，他（她）們可都是龍子鳳孫，可都是含著金湯匙長大的小貴族，出生前肯定有最高規格的母嬰保健，出生時肯定有醫術最高超的接生大夫，出生後肯定有最充足的奶水供應和最全面的嬰兒護理，他（她）們理應順風順水，理應長命百歲，怎麼會夭折呢？

傳統戲曲裡有一齣《狸貓換太子》，說是宋真宗有兩個妃子同時懷孕，誰生了兒子就能立為正宮，其中一個妃子心狠手辣，派人將另一個妃子剛生下的兒子殺死，偷偷換成一隻剝了皮的狸貓，

▲（宋）佚名《戲貓圖》，現藏於臺北國立故宮博物院

並誣蠛人家生了一個妖怪……這個故事告訴我們，宮廷內鬥和嬪妃爭寵或許是皇子們大量夭折的原因之一，但這只能解釋皇子的夭折，而不能解釋為什麼連皇女也會頻繁夭折。

科學的解釋是，那時候醫療手段太原始，醫學觀念太落後，生育習俗太野蠻，從孕期保健到產婦分娩，都洋溢著濃重的巫術氣息。歸根結柢是落後的風俗造成了嬰兒存活率低下。

## 孕婦的飲食禁忌

宋朝有一本專門指導優生優育的生活手冊，名曰《衛生家寶產科備要》，這本書第六卷寫道：「食兔肉令子缺唇，食雀肉令子盲，食鴨子令子倒生，食鱉肉令子項短，食螃蟹令人橫生，食驢肉令子過月。」

兔子是三瓣嘴，所以孕婦不要吃兔肉，否則生下來的寶寶也是三瓣嘴。

麻雀對光線不敏感，到了晚上就視力模糊，俗稱「夜盲症」，所以孕婦不要吃麻雀，否則生下來的寶寶也會有夜盲症。

宋朝已有烤鴨，做烤鴨的時候，要把鴨子倒吊在烤爐裡，所以孕婦不能吃鴨子，否則寶寶會「逆產」，腳在前，頭在後，無比艱難地生出來。

烏龜脖子短，遇到危險就把頭頸縮到殼裡，所以孕婦不能吃烏龜，不然胎兒的脖子也會縮得很短。

螃蟹橫著走，所以孕婦不能吃螃蟹，萬一胎兒橫著生出來……對不起，橫著是生不出來的，所以只能胎死腹中，母子喪命。

驢子孕期長，母驢懷胎一年才能產下小驢，比人類多兩個月，所以孕婦也不能吃驢肉、喝驢湯、買驢肉火燒，假如嘴太饞，非吃不可，那就等著懷胎一整年吧！

能認識到兔子三瓣嘴、麻雀夜盲症、烏龜脖子短、螃蟹橫著走、驢子孕期長、烤鴨倒吊，說明宋朝人善於觀察。但是將觀察到的細節聯繫到胎兒身上，認為吃什麼就成為什麼，並堂而皇之地將其寫進優生優育手冊，又說明宋朝人的腦子裡沒有多少科學思維的成分。

不吃兔肉，不吃鴨肉，不吃麻雀、烏龜、螃蟹和驢肉，總共才六種食忌，算不了什麼，為了肚子裡的寶寶，是可以忍住不吃的。別說孕期不吃，就算一輩子不吃這些，也影響不到母親的健康和胎兒的發育。

烏龜、螃蟹之類不利於生育，那什麼樣的食物有利於生育呢？

第一是開花饅頭。

請注意，宋朝的饅頭並不是現在的實心饅頭，而是有內餡的包子。用發酵麵團做皮，用碎肉或者蔗

糖做餡，包的時候故意留一個小口，上鍋一蒸，小口變成大口，彷彿包子開了花，這就是開花饅頭。孕婦接近預產期，一定要多吃幾個開花饅頭——包子開了口，就好比產道開了口，不然孩子出不來嘛！

《東京夢華錄》記載北宋開封生育習俗，到了預產期那個月的農曆初一，娘家人會送一大盤開花饅頭去孕婦家，俗稱「分痛饅頭」。吃了分痛饅頭，產道開得更寬，生產起來更容易，相當於娘家人幫助產婦分擔了一部分痛苦。

第二是大棗和栗子。

按《夢粱錄》記載，南宋杭州孕婦臨產，娘家人會送一批「催生禮」，其中包括棗和栗子。棗必須讓孕婦生吃，「生棗」嘛，寓意生得早，不會難產；栗子有什麼寓意呢？栗子者，利子也！

第三是雞蛋，很多很多雞蛋。

雞蛋是高蛋白食品，孕婦多吃雞蛋，生起來更有勁兒。不過吃雞蛋也要有個限

◀（宋）佚名《觀音大士像》，現藏於臺北國立故宮博物院

度，到底吃多少雞蛋最好呢？一百二十枚。「一百二十」這個數字是宋朝人的吉祥數字，寓意寶寶長命百歲，可以活到一百二十歲。

《夢粱錄》中記載的「催生禮」中沒有雞蛋，而是一百二十枚鴨蛋。鴨蛋也是高蛋白食品，但是放在現代，鴨蛋要比雞蛋顯得晦氣一些：寶寶將來上小學，考試考個大鴨蛋，甚或連考一百二十個大鴨蛋，豈非有辱家門？

不管是雞蛋還是鴨蛋，都不能吃得太多，否則胎兒長得太大，反而更容易導致難產。宋朝人懂得這個道理嗎？未必，因為他們缺乏科學常識。

我們也不能太過於嘲笑宋朝人，畢竟人家那個時代還沒有發展出科學。再仔細想想，就在現代的鄉村地區，仍然有許許多多老太太「傳承」著老輩人留下的愚蠢習俗，堅持不讓剛剛生下孩子的兒媳婦吃這個、吃那個，不能吃肉，不能吃水果，不能吃哪怕一點點鹽，孩子滿月之前只能整天整天地喝稀粥，吃紅糖煮雞蛋，吃得血糖升高、胃酸過多，吃出嚴重的胃病和糖尿病，不同樣是缺乏科學常識嗎？

## 遇到難產怎麼辦？

歐陽修結過三次婚。

第一個妻子姓胥，是歐陽修的老師胥偃的女兒，二十歲那年替歐陽修生了一個兒子，並在分娩後幾天就去世了，死因是產後風。

第二個妻子姓楊，是京官楊大雅的女兒，嫁給歐陽修一年後去世，死因是難產。

第三個妻子姓薛，是大臣薛奎的女兒，只有她陪伴歐陽修到了最後，既沒有死於難產，也沒有死於產後風，一直活到了七十多歲。

三任妻子，兩任死於分娩，歐陽修的運氣似乎太差。不過當我們了解到宋朝的醫生遇到產婦難產時是如何應對以後，就會明白這一切和運氣沒有關係。

讓我們看看宋代醫書上記載的方子吧。

以蟬蛻或蛇蛻入藥，加少許麝香，研成粉末，用醋汁和勻，臨產時讓產婦喝下，可以預防難產（《旅舍備要方》）。

以葵菜籽（冬莧菜的種子）、榆白皮（榆樹木質部與外層老皮之間的那層白色薄皮）、豬油、滑石粉、車軸潤滑油入藥，用米酒和勻，臨產時讓產婦喝下，可以預防難產（《聖濟經》）。

將弓弦剪成五寸長的小段，與箭桿一起燒成灰，當產婦難產時，用酒沖

◀南宋醫書《婦人大全良方》，現藏於開封博物館

服，可以預防難產（《聖濟總錄纂要》）。

宋朝有一種武器叫做「弩」，是帶有扳機的硬弓，扳機用銅鑄造，稱為「弩牙」。將弩牙取下，燒紅，在半碗醋裡浸泡，然後讓產婦喝醋，據說只要喝下去，無論多麼難生的寶寶都會像利箭一樣脫穎而出（《聖濟經》）。

寶寶出生時，一般都是頭部先出來，假如胎位不正常，也可能腳先出來，這樣很容易難產。當接生大夫遇到這種情況時，不要驚慌，只要用車軸潤滑油在剛剛露出來的胎兒小腳上塗抹一下（《重修政和經史證類備用本草》），或者用朱砂在胎兒腳底寫父親的名字，或者寫上當地官員的名字，或者在左腳上寫「父入」，在右腳上寫「子出」，胎兒很快就會自動調整為頭前腳後，以正常胎位順利出生（《醫說》）。

還有三個更奇葩的方子，據說對防治難產也有奇效。

將胎兒父親的腰帶燒成灰，溫酒調服（《重修政和經史證類備用本草》）；或者將他十根手指上的指甲全部剪下來，燒成灰，溫酒調服（《太平聖惠方》）；又或者將他的陰毛揪下二到七根，燒成灰，用豬油團成藥丸，也用溫酒調服（《婦人大全良方》）。但是需要注意的是，所用的腰帶、指甲、陰毛等「藥材」必須來自親生父親，假如這孩子的生父是隔壁老王，接生大夫就愛莫能助了。

蟬蛻和蛇蛻為啥能治難產？因為蟬蛻是蟬脫的皮，蛇蛻是蛇脫的皮，皮都能脫下來，孩子豈能生不

下來？

葵菜籽、榆白皮、豬油、滑石粉、潤滑油為啥能治難產？因為這些都是很滑的東西，將很滑的東西餵給產婦吃，難道不能讓產道變得滑潤一些嗎？

弓弦和弩機為啥治難產？因為拉弓射箭的時候只要一鬆弓弦和弩機，箭就會飛快地發射出去。同樣道理，當產婦服用了弓弦和弩機調和的飲品以後，孩子應該就會像箭一樣發射出來。

上述邏輯看起來非常荒誕，不過仍然屬於較為大膽的相關性假設。只要提出假設的人擁有一定的實證精神，並透過足夠數量的臨床案例進行檢驗，就可以將所有不可靠的假設統統剔除，最終留下一、兩條較為可靠的驗方。

遺憾的是，宋朝醫學界普遍缺乏實證精神，從來沒有哪個醫生進行過任何一次「大樣本隨機雙盲對照實驗」，於是乎，醫術就不可避免地走向了巫術。例如在胎兒腳底書寫生父的姓名、父母官的姓名，或者寫上「父入」、「子出」之類令人浮想聯翩的文字，就純粹屬於巫術了。

當然，現代科學誕生之前，全世界的醫術都近乎巫術，宋朝如此，幾百年後的明朝和清朝也如此，中國醫術如此，西方醫術也是如此。特別是對付難產這一方面，全世界的醫生和接生婆都曾經束手無策，只能求助於巫術。

病急亂投醫，醫急則亂投巫，當大家都向巫術投降的時候，產婦的死亡率和嬰兒的夭折率怎能不高得嚇人呢？

## 宋朝人重視胎教嗎？

說完了宋朝落後的地方，再看看宋朝先進的地方。

我們可能很難想像，宋朝人已經認識到了胎教的重要性。

南宋醫學家陳自明在《婦人大全良方》一書中寫道：

胎教產圖之書，不可謂之迂而不加信。……（孕婦）須行坐端嚴，性情和悅，常處靜室，多聽美言，令人講讀詩書，陳禮說樂，耳不聞非言，目不觀惡事。如此，則生男女福壽敦厚，忠孝賢明。不然，則男女既生多鄙，賤壽而愚。

對於那些講胎教的書，您可千萬不要認為迂腐無用。如果一個孕婦注重胎教，行得正，坐得端，性格溫和，心情愉悅，經常在安靜優雅的環境裡生活，經常聽聽金玉良言，沒事就請人讀書誦詩給自己聽，

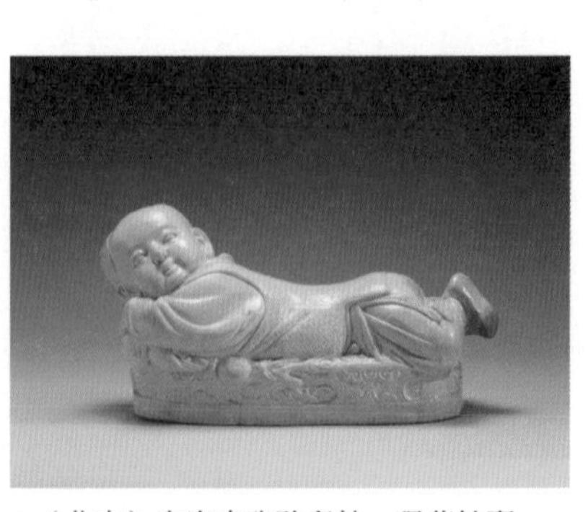

▲（北宋）定窯白瓷孩兒枕，現藏於臺北國立故宮博物院

多了解儒家正統的禮儀和樂理，耳朵聽不到惡聲，眼睛看不到惡行，這樣生下來的孩子一定多福多壽、性格寬厚、待人真誠、腦子聰明。如其不然，生下來的孩子恐怕會粗鄙無文，既短壽又愚蠢。

南宋大儒朱熹也很重視胎教，他在《小學》一書中寫道：

婦人妊子，寢不側，坐不邊，立不蹕，不食邪味，割不正不食，席不正不坐，目不視邪色，耳不聽淫聲，夜則令瞽誦詩道正事。如此則生子形容端正，才過人矣。

婦人懷胎，睡覺姿勢要端正，坐姿和站姿要端正，飲食要乾淨精美，不吃切得不方正的肉，不坐鋪得不平整的席位，不看不好看的東西，不聽不健康的歌曲，晚上睡覺前讓說書藝人唱唱詩歌，講講正經歷史。如果能把胎教做到這個地步，生下來的寶寶不僅顏值高，還會很有才幹。

陳自明和朱熹，一個醫學家，一個理學家，他們推崇的胎教理論還是很有科學道理和現實意義的。雖然孩子的長相主要由基因決定，但是重視胎教的準媽媽們生下優質寶寶的概率總會大一些。

坦白講，在宋朝這個距離我們至少七百多年的近古時期，能認識到胎教重要性的畢竟是少數人，而能實實在在去執行胎教的更是少數人——普通百姓既沒文化又沒錢，最多能吃飽飯而已，你讓人家怎麼有條件去胎教呢？

## 大宋育幼院

宋朝沒有節育手段，對生下很多孩子的窮人而言，孕期胎教是痴人說夢，好不容易生下孩子，還可能非常殘忍地親手殺掉。換言之，他們會用人為的方式讓孩子夭折。

北宋時一個名叫呂堂的讀書人給皇帝上書說：「（貧民）男多則殺其男，女多則殺其女。」窮人家兒子多了就殺掉男嬰，女兒多了就殺掉女嬰。

朱熹的父親朱松說：「（貧民）多止育兩子，過是不問男女，生輒投水盆中殺之。」窮人一般只要兩個孩子，一旦超過這個標準，不問是男是女，一生下來就扔進水盆裡淹死。

那可是自己的親生孩子啊！怎麼能捨得殺掉？怎麼能殘忍變態到這個地步呢？原因無他，還是因為窮。宋高宗紹興七年（一一三七年），禮部尚書劉大中上奏：「民有不舉子者，……誠由賦稅繁重，人不聊生所致也。」老百姓負擔太重而收入太低，生了孩子養不起，只有殺掉。

我們不要高估人類的道德底線。在漫長的歷史長河中，無論是宋朝還是別的朝代，只要翻開當時的奏章、詩文或者文人筆記，都能看到極其頻繁的關於「不舉」的記載。這個「不舉」絕非男人性功能障礙，它的本義就是生而不養，生下孩子就殺掉。我們還可以再聯想到唐朝內戰時的長期圍城、明朝末年

▲（宋）佚名《嬰戲圖》，現藏於臺北國立故宮博物院

的長期饑荒，以及二十世紀四十年代和六十年代先後兩次席捲至少半個中國的大饑荒，都曾經出現人吃人的現象。一個老實的普通人，平日看起來可能很善良、挺淳樸，可是讓他窮到了極處、餓到了極處，他就有可能丟棄一切道德，泯滅一切親情，像瘋了一樣殺掉自己的孩子，吃掉親人的屍體。這不是中國人的劣根性，而是全人類的劣根性，在歐洲大航海時代，當探險的船隻因為失去航向而在茫茫大海上漂流的時候，當船員們饑餓難耐的時候，他們一樣會吃掉同伴的屍體，或者靠抽籤來決定誰先被吃掉。

有時候想想，我們人類就是穿上衣服的老鼠，一旦陷入真正的絕境，老鼠的本性就會暴露無遺。一個有擔當的個體盡量不要讓自己陷入絕境，一個有擔當的政府盡量不要讓人民陷入絕境。

宋朝政府算不算有擔當的政府呢？我覺得算。

首先它從法律上增加了人們「不舉」的風險：「故殺子者，徒二年。」故意殺掉孩子，判處兩年徒刑。「殺子之家，父母、鄰保與收生之人，皆徒刑、編置。」一戶人家殺掉了剛剛出生的孩子，其親生父母、四周鄰居以及接生大夫都要受到徒刑或者流放的處罰。

其次，對養不起孩子的家庭給予減稅或免稅的優惠，甚至直接發放補貼。宋高宗紹興八年（一一三八年）有這樣的詔令：「貧乏之家生男女而不能養贍者，每人支免役寬剩錢四千。」每生一個孩子減免四千文的賦稅。宋孝宗乾道五年（一一六九年）又發布詔令：「應福建路有貧乏之家生子者，許經所屬具陳，委自長官驗實，每生一子給常平米一碩、錢一貫，助其生育。餘路州軍依此施行。」福建省內養不起孩子的家庭，經過地方官調查屬實，按每生一個孩子發給一石米、一貫錢的標準進行補貼，其他省分以後也要按照福建的政策去執行。為什麼特別提出先在福建推行生育補貼呢？因為福建人多地狹，農業資源緊缺，是宋朝民間「不舉」之風最盛行的區域。

再其次，在宋朝（特別是南宋一朝），政府創辦了許多專門收養棄嬰的育幼院，名叫「慈幼局」。《宋史‧理宗本紀》載：「詔給官田五百畝，令臨安府創慈幼局，收養道路遺棄初生兒。」朝廷撥給杭州市政府五百畝官田，供其創辦慈幼局，收養那些因為養不起而被扔在路邊的棄嬰。《永樂大典》第一萬九千七百八十一卷羅列了南宋後期全國各地創建的慈幼局，計有蘇州府、臨安府（浙江杭州）、建康

府（江蘇南京）、寶慶府（湖南邵陽）、廣德軍（安徽廣德）、無為軍（安徽無為）、汀州府（福建長汀）等八十九處，基本上覆蓋了南宋疆域內的大部分路府。

《夢粱錄》載：「（臨安）有局名慈幼，官給錢典雇乳婦，養在局中，如陋巷貧窮之家，或男女幼而失母，或無力撫養，拋棄於街坊，官收歸局養之，月給錢米絹布，使其飽暖，養育成人，聽其自便生理。」杭州慈幼局收養了當地的棄嬰和孤兒，政府出錢雇奶媽哺育，每月發給糧食和衣服，直到將這些可憐的孩子養大成人，然後讓其自覓生路。

《遂昌山樵雜錄》載：「貧家子多，厭之輒不育，乃許抱至局，書其年月日時，局有乳媼鞠養之。他人家或無子，卻來取於局。歲侵，子女多入慈幼局，故道無拋棄子女。」窮人無力撫養孩子，可以送到慈幼局，工作人員將孩子的出生時間登記在冊，讓專職的乳母來撫養。而有力撫養但無法生育的家庭也可以去慈幼局認領嬰兒，真是一舉兩得。

說到這兒，問題來了：前面不是說宋朝窮人會因為養不起而殺掉或者丟棄自己的孩子嗎？既然官方辦了那麼多慈幼局，幹嘛不把孩子送過去呢？

事實上，宋朝政府的經濟實力雖然比其他朝代雄厚得多，但其開支也浩大得多，官員高官厚祿，機構疊床架屋，常備軍數量龐大，還要支付遼國、金國和西夏歲幣，留給社會救濟的經費是非常有限的，

南宋皇帝將育幼院推廣到路府一級尚有可能，推廣到州縣一級就力有未逮了。大城市有慈幼局，小城鎮和鄉村卻沒有，數量不足，規模不夠，一部分老百姓求助無門，到頭來還是「不舉」。

## 洗三和抓周

現代中國某些地方仍然保留著「洗三」和「抓周」的習俗。

孩子出生後第三天，給他（她）仔仔細細洗一次澡，是為洗三。

孩子滿周歲那天，拿一些小玩意兒放在他（她）身邊，讓孩子自己挑選，根據他抓到的東西來預測這孩子的性格以及將來可能會從事的職業，這叫抓周。

洗三在宋朝的福建是件大事，不僅要給孩子洗澡，還

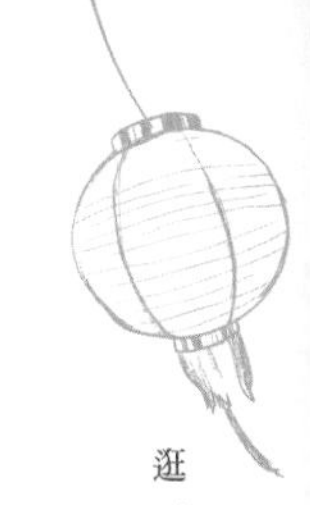



要在澡盆裡放一棵大蔥和幾枚銅錢，洗完以後要大宴賓客。為什麼要在澡盆裡放蔥和銅錢呢？因為父母希望孩子長大了既聰（蔥）明又有錢。

抓周在宋朝叫「拈周」，又叫「試晬」。按《夢粱錄》記載，孩子滿周歲那天，「其家羅列錦席於中堂，燒香炳燭，頓果兒飲食及父祖誥敕、金銀七寶玩具、文房書籍、道釋經卷、秤尺、刀剪、升斗、戥子、彩緞、花朵、官楮錢陌、女紅針線、應用物件，並兒戲物。」在正房客廳裡燒香、點蠟燭，鋪一張錦席，讓孩子坐在中間，四周擺放水果、點心、玩具、首飾、花朵、書籍、文具、道經、佛經、秤盤、天平、銅錢、紙幣……看孩子會抓到什麼。比如說抓到玩具，說明將來遊手好閒；抓到了圖書和筆墨紙硯，說明長大了熱愛學習；假如抓到秤盤、天平之類，這孩子將來很可能要當商人。

▲（宋）佚名《子孫和合圖》，現藏於臺北國立故宮博物院

《宋史・曹彬傳》開篇這樣寫道：「曹彬，字國華，周歲，父母以百玩之具羅於席，觀其所取。彬左手持干戈，右手持俎豆，斯須取一印，他無所視，人皆異之。」曹彬小時候抓周，左手抓到玩具刀槍，

右手抓到祭祀用具，隨後又抓了一顆官印，別的什麼都不要。旁觀的大人嘖嘖稱嘆：「這孩子不簡單，抓刀槍說明要當武將，抓官印說明要當大官，抓祭祀用具說明有當宰相的雄心壯志啊！」宰相的「宰」字，就有割肉祭祀的意思。後來呢，曹彬確實成了北宋一朝的開國大將，官居「同平章事」，相當於宰相。

小戶人家抓周，沒有那麼多擺設，只將書本、秤砣、印章、針線和幾樣玩具放到盤子裡，讓孩子抓。這種抓周時所用的盤子叫做「晬盤」，一般用木頭雕刻而成，刷有紅漆。宋代詞人吳申有一首祝賀別家孩子周歲的詞，調寄〈七娘子〉：

君家諸子燕山盛，去年兩見門弧慶。銀蠟燒

1

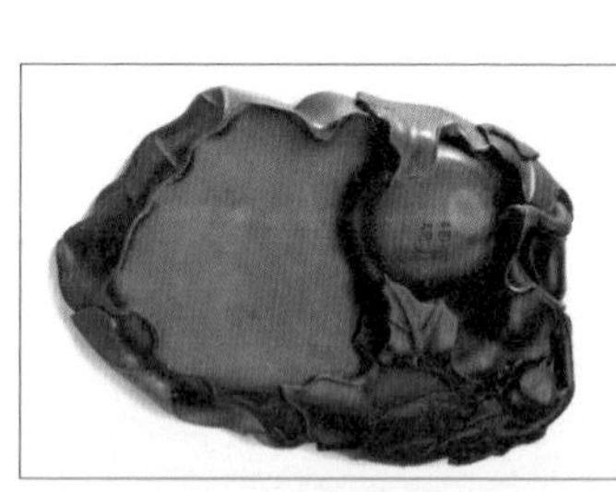

2

3

4

▲1（宋）澄泥天馬硯，現藏於臺北國立故宮博物院
2（宋）端硯，傳為米芾所用，現藏於臺北國立故宮博物院
3（宋）定窯白瓷筆洗，現藏於臺北國立故宮博物院
4（宋）銅印，現藏於臺北國立故宮博物院

花，竇香熏爐，晬盤珠玉還相映。

耳邊好語憑君聽，此兒不與群兒並。右執金戈，左持金印，功名當似王文正。

「燕山」指竇燕山，是五代十國時的名人，生了五個兒子，個個都成了棟梁之才。《三字經》有云：「竇燕山，有義方，教五子，名俱揚。」說的就是他。「王文正」指北宋大臣王旦，官至宰相，諡號文正。

我們把這首詞翻譯成大白話，意思是這樣的：

你們家兒子多，去年生了兩個，今年他們滿周歲，您讓孩子抓周，香點著了，蠟燭點亮了，晬盤裡珍珠寶貝交相輝映，孩子們伸出小手去抓，左手抓到金印，右手抓到金戈，將來一定能像王文正公那樣有出息。

您聽，多麼吉祥的抓周祝福語啊！

# 第二章　取名

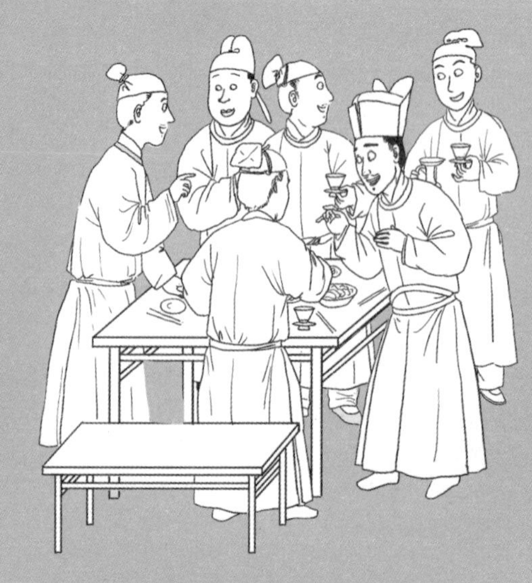

## 乳名和迷信

寶寶出生後，父母或者祖父母會給他（她）取一個乳名。

有些乳名很雅致、很好聽。例如蘇東坡乳名「同文」，蘇轍乳名「卯君」，蘇東坡的二兒子蘇適乳名「阿羅」，黃庭堅的獨生子黃相乳名「小德」，王安石的大女兒吳堇乳名「伯姬」，歐陽修的長子歐陽發乳名「僧哥」，陸游的伯父陸宦乳名「馬哥」。男孩子乳名裡帶一「哥」字，是江南地區固有的風俗，就像魯迅小時候被叫做「迅哥」一樣。

有些乳名很粗俗、很難聽，故意往低賤處走。按宋人筆記《澠水燕談錄》，一個名叫江仲甫的京官乳名「芒兒」。乍一聽，這個名字很可愛，其實當時人們稱呼牧童為芒兒，江仲甫出身於官宦世家，父母給他取這個乳名，正是故意往低賤處走的例證。

現存敦煌卷子裡記載了唐、宋時期的大量人名，其中無論男孩還是女孩，乳名通常都很難聽。例如 **P.3589**（敦煌卷子編號，P指伯希和，S指斯坦因）

◀（宋）八卦鏡，鏡背正中有一龜形鈕，八角形鈕座外依次環以八卦紋、十二生肖及銘文。銘文共二十字：「水銀是陰精，百煉得此鏡，八卦氣象備，衛神永長命。」現藏於臺北國立故宮博物院

上一個名為張保山的戶主，給兩個孫女分別取名叫「殘婢」、「僧婢」，意思是殘疾的婢女、和尚的婢女；S.4710上有一個女孩，乳名「醜婢」，意思是醜陋的婢女；S.2041與P.3249上則載有四個男孩子的名字，分別是馬狗子、宋狗子、衛狗子、陰狗子，古代中國人並不像歐美人那樣愛狗，以狗為名，那是非常低賤的乳名；P.3379、P.3714、P.4063、P.4491、S.2894等卷子上分別又有令狐糞堆、張糞堆、于糞堆、宋糞堆、星糞堆、傅糞堆、王糞堆、胡糞堆等更加奇葩的人名，糞堆是農家廁所旁堆積的人畜糞便，一個人居然以糞便為名，應該也是乳名。

乳名難道不應該親切可愛才對嗎？古人為什麼要給孩子取如此難聽、如此變態的名字呢？一是因為沒文化（從敦煌卷子上可以看出，愈是平民的孩子，名字就愈粗俗，官員家的孩子很少取名為狗子或者糞堆的），二是因為他們迷信，認為低賤的乳名可以幫助孩子平安長大。

以前大多數中國人都相信世間有地獄，地獄有閻羅，閻王爺會拿著筆在勾魂簿子上勾魂，他老人家只要在誰的名字上大筆一勾，那個人就得死翹翹。想不讓孩子夭折，就得避免閻王勾到自家孩子的名字。怎樣才能不讓他勾到名字呢？方法很簡單，取一個低賤得不像人名的名字好了。狗子、糞堆，一聽就不像人類的名字，閻羅王看到這種名字就不勾了，沒興趣。

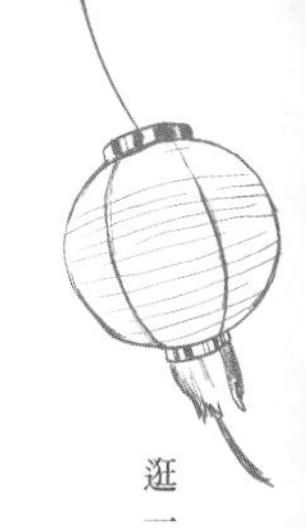



## 對兒子叫大哥

古人姓名特別麻煩，一個稍有文化或者地位的人，小時候有乳名，長大了有大名，大名之外還有字，字以外又有號。就拿蘇東坡來說吧，乳名「同文」，大名「蘇軾」，字「子瞻」，號「東坡」。在正式場合和公文上，他會以大名自稱；朋友喊他時，一般稱字或者號；比他年長或者與他同輩的親人喊他的時候，一般都是以乳名相稱，顯得親切。

《四朝聞見錄》記載，北宋滅亡時，宋高宗的同父異母妹妹柔福公主被擄掠到金國；南宋建立後，這個公主又千里跋涉逃到了臨安（後來被發現是假冒的）。「引見之頃，呼上小字。」柔福公主見到高宗皇帝，張口就喊他的乳名。妹妹為什麼要喊哥哥的乳名呢？因為顯得親切。

不過有時候也不喊乳名，而是喊排行。

《齊東野語》載，宋孝宗即位，宋高宗做了太上皇，孝宗血氣方剛，年輕氣盛，一心要恢復中原，高宗勸道：「大哥，且待老者百年後卻議之。」大哥你別急，等我老人家死了以後再說。

另據《陔余叢考》，王安石和獨生子王雱閒談，父子倆品評天下人物，把當朝高人數了一遍，最後王安石指著王雱說：「大哥自是一個！」雖然你是我兒子，但我舉賢不避親，我認為你也是一個了不

起的傢伙。

父親誇兒子是人之常情。我也經常誇自己的兒子：「才五歲就會自己小便了，真了不起！」「竟然知道爸爸是男的，媽媽是女的，真是奇才！」但我絕對不會像王安石那樣誇：「大哥自是一個！」兒子再了不起，也不能喊他大哥嘛！

高宗稱呼孝宗為大哥，王安石稱呼王雱大哥，是不是一時激動喊錯了呢？當然不是。在宋朝，「哥」這個字並沒有兄長的意思，而是對家裡男孩的愛稱，前面一般還要再加上排行。大哥者，家裡最大的那個男孩是也。

宋高宗沒有兒子，孝宗是他唯一的養子，王安石倒是有兒子，但只生了王雱這一個。因為沒有其他男孩的競爭，所以孝宗是高宗膝下排行最大的男孩，王雱是王安石膝下排行最大的男孩，所以他們才會被父親親切地稱為大哥。

宋高宗死了以後，南宋出了一個抗金名將趙方，趙將軍有三個兒子，臨終的時候，他把兒子們叫到跟前囑咐後事，最後對三兒子說：「三哥甚有福。」（《齊東野語》卷八〈前輩知人〉）意思是說老三最有福氣。在這裡，他管三兒子叫三哥。如果他喊的是二兒子和大兒子，稱呼就變成二哥和大哥了。

## 宋朝女生怎樣取名？

現代人給女孩子取名，常常會用到疊音字，例如高圓圓、李冰冰、甘露露、郭美美、朱媛媛、孫菲菲、金巧巧、蓋麗麗……諸如此類。

像這樣使用疊音，寫著簡便，讀著順口，聽著可愛，很符合現代人的口味。

宋朝女生會不會也用疊音做名字呢？會。

陸游您知道吧？宋朝最多產的詩人，他中年以後娶了一個小妾，那小妾給他生了個女兒，取名叫陸女女（參見《渭南文集》卷三三〈山陰陸氏女女墓誌銘〉），就是典型的疊音。

陸游的好朋友楊萬里也有一個女兒，取名叫楊閏閏，估計是閏月生的（參見《楊萬里年譜》），也是疊音。

宋神宗他媽姓高，是開國大將高瓊的曾孫女，乳名叫高滔滔。

宋徽宗的女朋友、當年在東京汴梁豔壓群芳的名妓、《水滸傳》裡浪子燕青的乾姐姐，我們都知道

她的名字：李師師。

宋徽宗二十多個女兒，其中兩個用疊音名，一個叫趙珠珠，一個叫趙珞珞（參見《靖康稗史》之〈開封府狀〉）。

宋徽宗還有一百多個妃子，其中五個用疊音名，一個叫席珠珠，一個叫奚拂拂，一個叫盧嫋嫋，一個叫徐癸癸，一個叫鄭巧巧（同上）。

南宋話本《碾玉觀音》裡有個養娘（養娘是宋朝人對丫鬟的俗稱，相當於明、清時代的「梅香」），在清河郡王張俊府裡上班，因為跟人私奔，慘遭張俊殺害。這個養娘姓什麼已經無從考證了，但是她的名字叫秀秀，也是疊音名。

由此可見，無論在民間還是在宮廷，宋朝都刮起了疊音取名的流行風。

流行歸流行，疊音名絕對不是宋朝的主旋律。在宋朝士大夫眼裡，疊音名很好玩、很時尚，可是正因為它時尚，所以和「三從四德」不搭界，只能在女孩小時候使用，一旦到了出嫁年齡，父母必須另給她取一個「規規矩矩」的名字，否則就不好意思把女兒的名字往婚書上寫，以免被婆家看不起。

前面說過，陸游的女兒叫陸女女，其實只是個乳名，拿不到檯面上。陸游給寶貝女兒取過一個比較正規的名字：陸定娘。

前面還說過，宋神宗他媽叫高滔滔，這當然也是個乳名，高老太后另有大名，叫高紀。高紀肯定沒有高滔滔聽著可愛，可是卻穩重多了。

多翻翻宋人年譜就知道，凡是出身於士大夫階層的女生，長大之後沒一個用疊音名的，而且她們的名字都非常嚴肅，嚴肅得簡直不像是女生的名字。例如蘇東坡的結髮妻子名叫王弗，王弗死後，老蘇又娶了王弗的妹妹王閏之。王弗、王閏之，中規中矩，非常男性化的名字，一看就是大名。黃庭堅有個女兒，大名黃睦。辛棄疾有兩個女兒，分別叫辛囷、辛秀，也都是非常嚴肅的名字。她們有小名沒有？肯定有，說不定還是疊音名，但是成人以後就不再使用了，怕人笑話。

為什麼長大了用疊音名會被人笑話呢？因為按照宋朝的風俗習慣，只有下賤女人才會一輩子使用疊音名。這裡的下賤女人和人品無關，主要是指從事的職業比較低賤，例如妓女、歌伎、小妾、丫鬟，以及宮廷裡最低等級的嬪妃等。

李師師一生都用「師師」這個疊音名，她是妓女。蘇小小一生都用「小小」這個疊音名，她也是妓女。《武林舊事》裡有一個名叫韓春春的女生，她是歌伎。《夷堅志》裡有個名叫何燕燕的女士，她是小妾。辛棄疾有六個小妾，名字分別是田田、卿卿、香香、整整、翩翩、飛卿，其中五個用疊音名。文天祥家裡有位成年女性叫盧撫撫，她的身分也是小妾。

也就是說，疊音名在宋朝是把雙刃劍：它可愛、動聽，適合被父母拿來稱呼幼年的女兒；同時又散發出風塵的味道，往往淪落為妓女和妾侍的身分標籤。當現代女生穿越到宋朝以後，千萬要慎用疊音名，以免引起不必要的誤會。

## 哪種名字最流行？

南宋俞成在著作《螢雪叢說》中寫道：

今人生子，妄自尊大，多取文武富貴四字為名。不以「晞顏」為名，則以「望回」為名，仰慕顏回也；不以「次韓」為名，則以「齊愈」為名，仰慕韓愈也，甚可笑也。

這段話意思是說，宋朝父母給兒子取名，如果用單名的話，喜歡用文、武、富、貴這四個字；如果用複名的話，不是叫做「晞顏」，就是叫做「望回」；不是叫做「次韓」，就是叫做「齊愈」，都很可笑。

《宋史》列傳中文官武將多如牛毛，取單名的很少，取雙名的很多，文、武、富、貴並不多見，倒是《水滸傳》中有笑面虎朱富、旱地忽律朱貴、神機軍師朱武三人，取名時分別用了富、貴、武三字，但《水滸傳》是小說，而且不是宋朝人寫的，所以不足為憑。推想起來，當時大概應該只有文化水準和欣賞品味都不高的父母才會給孩子取文武富貴這種很通俗的名字，而這樣的父母在培養孩子方面不可能

占優勢，他們的孩子長大後成不了文官武將，所以沒有機會進入《宋史》，也就沒有機會讓我們看到。

晞顏、望回、次韓、齊愈，這四個名字倒是很雅致的。晞顏和望回的寓意是希望孩子成為顏回那樣的聖賢，次韓和齊愈的寓意是希望孩子成為韓愈那樣的大儒，寓意很美好，訴求很高尚，不應該被嘲笑。

陸游的母親像李清照一樣是個才女，自小就喜歡秦觀（秦少游）的詩詞，所以給兒子取名陸游，字務觀，意思是希望陸游能擁有秦觀那樣的才華。寓意如此美好，訴求如此高尚，憑什麼嘲笑人家呢？

俞成之所以發出嘲笑的聲音，應該不是因為這樣取名不好聽，而是因為這類名字太多了、太流行了、太普遍了，所以顯得俗不可耐。正如幾十年前的中國大陸，由於舉國上下的政治狂熱，父母總是給兒女取「擁軍」、「解放」、「衛國」、「衛紅」之類的名字，千人一名，千篇一律，用俞成的話說，「甚可笑也。」

## 哪種名字不能用？

中國有一句俗語：「只許州官放火，不許百姓點燈。」意思是政治不清明，權利不平等，當權者可以無法無天，老百姓只能忍氣吞聲。

這句俗語的背後還有一個故事，說是宋朝有一個市長級別的官員，名叫田登，他妄自尊大，禁止轄

區子民喊他的名字，甚至連和他名字相近的詞都不許說。正月十五快要到了，當地照例要舉行三天燈展，可是田登卻不許燈展文告中出現「點燈」兩個字，因為點燈的發音近似「田登」。下屬沒辦法，只好將點燈改成「放火」，最後貼出來的文告是「本州依例放火三日」。百姓們又好氣又好笑，私下裡都說：「哼，只許州官放火，不許百姓點燈！」

這個故事是有來歷的，出自陸游的《老學庵筆記》，其真實性應該有保證。

中國人把名字看得很重，君王的名字、上司的名字、長輩的名字、父母的名字，都要避諱，不但不能寫，而且不能說，取成名字就更不應該了。這種情形和歐美習俗完全相反，父親叫尼古拉，兒子也可以叫尼古拉，孫子繼續叫尼古拉，祖孫三代都可以重名，而在中國，父輩用過的名字，子孫輩一般是不能再用的，否則就犯了名諱。

宋朝父母給孩子取名，好聽不好聽倒無所謂，最關鍵是要避免觸犯名諱。比如說宋太祖名叫趙匡胤，此後歷代皇帝的名字裡都不可能再出現「匡」字或者「胤」字，貴族子弟以及百姓子孫的名字裡同樣不能出現這兩個字。

▲宋哲宗時期鑄造的「元祐通寶」，現藏於臺北國立故宮博物院

宋朝皇帝有很多，太祖趙匡胤、太宗趙光義、真宗趙恆、仁宗趙禎、英宗趙曙、神宗趙頊……每一代皇帝的名諱都不可以觸犯。你給孩子取名時，請把這些皇帝的名字全部剔出去；如果已經給孩子取過了名字，而新任皇帝的名字恰好和你家孩子重名，且不管是重兩個字還是只重一個字，你家孩子都要改名。

宋寧宗時，文官洪邁特意在書中記下五十個字，標記為「帝王諱名」，因為這五十個字全是皇帝們用過的，其他人絕對不能再用了。好在宋朝皇帝們比較有人性，不想讓天下臣民動輒觸犯「聖諱」，所以從第二任皇帝趙光義開始，每位皇帝在登基以後，或者被封為太子的時候，就從兩個字的名字改成一個字的名字，這樣可以將臣民觸犯聖諱的概率降低一倍。例如趙光義本名光義，即位後第二年就改名趙炅了；真宗本名元侃，封為太子後改名趙恆；仁宗本名受益，封為太子後改名趙禎；英宗本名宗實，封為太子後改名趙曙……假如這些皇帝執意不改名字的話，那麼南宋大將劉光世就觸犯了太宗的名諱（光義），王安石的父親王益就觸犯了仁宗的名諱（受益），後果不堪設想。

僅僅不能觸犯帝王名諱也就罷了，宋朝人有時候還會接到特別通知，不能觸犯皇后、太后、太后他爹的名諱。宋仁宗登基時，劉太后垂簾聽政，把父親劉通的名字定為官諱，禁止人們取同樣的名字。宋哲宗登基時，高太后垂簾聽政，又把父親高遵甫的名字定為官諱。「遵甫」是兩個字，避諱起來太難，

好在高太后格外開恩，讓人們只避一個「甫」字。老宰相文彥博的六兒子本名文及甫，自從高太后一執政，他就改名為文及了。為啥？本名的最後一個字犯了太后他爹的諱嘛！

順便補充一下，早在劉太后垂簾聽政時期，皇帝頭上戴的通天冠因為犯了劉通的通字，也像人一樣改了名，叫做「承天冠」。宋英宗趙曙登基以後，因為薯蘗的「薯」字和御名同音，從此改名叫「山藥」。另據吳處厚《青箱雜記》及王辟之《澠水燕談錄》，宋仁宗趙禎登基後，蒸餅（即今之實心饅頭）的「蒸」字讀音近於禎，從此改稱「炊餅」（假如宋仁宗沒當皇帝，那麼武大郎叫賣的就是「蒸餅」而非「炊餅」）；吳越國王錢鏐割據江南時，因為兒子有點兒瘸，所以茄子改名叫「落蘇」。

您瞧，人名不能犯聖諱，食物和用具也不可以。

古時有「一人得道，雞犬升天」的神話，而我們今天說的不是神話，而是歷史。這段歷史用八個字形容，大概是「一人得道，雞犬改名」吧？

## 拿數字當名字

我們知道明太祖名叫朱元璋，朱元璋的父親名叫朱世珍。朱元璋還有兩個哥哥，大哥朱興盛，二哥朱興祖。

元璋、世珍、興盛、興祖都是既好聽又吉利的名字，但都是在朱元璋稱帝後新改的。朱世珍本名朱五四，朱興盛本名朱重六，朱興祖本名朱重七，朱元璋本名朱重八。他還有一個姐夫，本名王七一。再往前追溯，他的曾祖本名朱四九，生了四個兒子，分別取名朱初一、朱初二、朱初五、朱初十。

五四、七一、四九，全是數字。初一、初二、初五、初十、重六、重七、重八，也都離不開數字。朱元璋一家為什麼要用數字作名字呢？

據俞樾《春在堂隨筆》解釋，元朝以異族入主中國，視漢民如奴隸，禁止漢族平民取名，所以朱氏家族只能用數字作為名字。

實際上是不是這樣呢？翻開元曲和元人筆記，漢族平民並不是沒有名字。《竇娥冤》裡想娶竇娥的那個底層男子叫做「張驢兒」，《至正直記》裡有一個名叫「王德兒」的平民男孩，證明漢族平民在元朝還是可以有名字的，雖然「驢兒」和「德兒」都算不上好名字，但畢竟不像朱元璋一家用數字作名字。

事實上，用數字作為人名絕非元朝首創，早在宋朝就很常見了。

按北宋著名詞人秦觀的子孫撰寫的家譜，秦觀生下秦湛，秦湛生下秦南翁，秦南翁生下四個兒子，分別取名秦小五、秦小十、秦十一、秦二十。秦小十又生秦念八（通「廿八」，即二十八），秦念八生秦三十七，秦三十七生秦細二（即小二）……讀到此處，讀者朋友可能會聯想到《水滸傳》裡的阮氏三雄，

沒錯，他們也是用數字取名：阮小二、阮小五、阮小七。

秦氏家譜是後人續修，可能有誤；《水滸傳》是元明小說，不足為憑。現在我們再翻開南宋官員的判決文書彙編《名公書判清明集》看看。該書第十四卷有一段判處明教教徒杖刑的判決：「祝十二、十三、仇百四十，各杖一百。」第九卷又有一段處理民事糾紛的判決：「使丘大二、王三一如黎潤祖所論。」同書第六卷還有一段處理土地糾紛的判決：「以鄰里證之，沈九二等供，當來籬道係夾截於沈百二屋柱上。」

祝十二、祝十三、仇百四十、丘大二、王三一、沈九二、沈百二，這些出現在南宋判決文書裡的人名，都是數字。

宋朝不是異族入主中國，宋朝皇帝並沒有禁止平民百姓取正式名字，可是為什麼會有這麼多的數字名呢？我的解釋是，這是江浙民間的一種時尚。陸游《老學庵筆記》記載：「今吳人子弟稍長，便不欲人呼其小名，雖尊者亦以行第呼之。」江南男子剛成年，就不喜歡別人再喊他的乳名，即使是長輩也要按照排行來稱呼他們。換言之，前面所說的所有數字名，如十二、十三、九二、百二等，均係排行。包括朱元璋發跡前，其兄弟幾人的名字，也都是排行。

俞樾認為元代數字名多為父母年齡相加之和，或者是出生之時祖父的年齡，如「重八」就是指

祖父八十八歲，換句話說，朱元璋出生那年，其祖父恰好八十八歲。這種解釋明顯有誤。如前所述，朱元璋大哥叫朱重六，二哥叫朱重七，如果指年齡，不可能兄弟三人出生的時候，其祖父恰好年滿六十六、七十七、八十八吧？

合理的解釋是，重八的「重」是「又一代」的意思：父祖輩的排行已經出現第六、第七、第八，這一代的老六、老七和老八就必須呼為重六、重七、重八，以免與上一代和上上一代混淆。《名公書判清明集》中就有這樣的例子：祖輩有一個叫陳初四的人，父輩的老四就得叫陳再四，孫輩的老四就得叫陳重四，曾孫輩的老四就得叫陳曾四。如果按照俞樾的解釋，則初四、再四、重四、曾四之類的名字就會讓人一頭霧水，永遠也搞不清是怎麼回事。

說到這裡我再補充一點：古人的排行並不是小家庭內部的排行，而是整個家族裡的排行。前述《名公書判清明集》中出現了「仇百四十」這個名字，一個平民百姓的生育能力無論多麼驚人，都不可能生下一百四十個兒女，在家庭內部的排行絕對不可能高達一百四十。但是放到幾千人的大家族裡，同輩兄弟排行到一百多個就不足為奇了。

搞清楚這個道理以後，我們會明白，梁山好漢中的阮氏三雄為什麼叫做阮小二、阮小五、阮小七，而不是阮小二、阮小三、阮小四了，因為是按照家族裡的排行來稱呼，所以名字的數字次序會被分隔開。

當然，考慮到宋朝嬰幼兒的夭折率，也有這樣一種可能：阮小二前面本來有個哥哥阮小乙（小乙即小一，如浪子燕青燕小乙即燕小一），後面本來有兩個弟弟，在阮小五和阮小七之間本來也有一個阮小六，可惜他們都夭折了，最後只剩下阮小二、阮小五和阮小七。

## 皇家取名套路深

平民取名如此簡單，有排行，就有了名字，根本不用費力去琢磨，皇家取名可就講究多了。

先看看宋朝皇帝的名字吧。

太祖叫趙匡胤，太宗叫趙光義，真宗叫趙恆，仁宗叫趙禎，英宗叫趙曙，神宗叫趙頊，哲宗叫趙煦，徽宗叫趙佶，欽宗叫趙桓，高宗叫趙構，孝宗叫趙昚，光宗叫趙惇，寧宗叫趙擴，理宗叫趙昀，度宗叫趙禥。

「匡胤」的意思是幫助後代，「光義」的意思是光大正義，「恆」是永恆，「禎」是吉祥，「曙」是天亮，「頊」是頭戴玉冠的王者……您瞧，這些大宋皇帝的名字都很典雅，都有美好的寓意，與趙小乙、趙小二、趙小三、趙小四之類的數字名相比，一個在天上，一個在地下。

不過呢，太宗本來不叫趙光義，他叫趙匡義，因為哥哥做了皇帝，他必須避哥哥的諱，把匡義改成

了光義，他的三弟趙匡美也把名字改成了趙光美。同樣道理，他當上皇帝以後，三弟趙光美又必須避二哥的諱，再把名字改成了趙廷美。

前面說過，宋朝皇帝比較有人情味，不願給天下臣民添麻煩，為了減輕宗室子弟大規模改名字的負擔，從宋真宗開始，皇族成員只要被立為太子或者被封為親王，老皇帝都去掉他們名字中表示輩分的那個字，把雙名變成單名。例如趙炅、趙恆、趙禎、趙曙、趙頊、趙煦、趙佶、趙桓、趙構、趙惇，都是單名。而當太子或者被封王之前，他們的名字仍舊和皇族支系中的其他人一樣，都是三個字，表示輩分的中間名與同輩兄弟一樣。

宋朝皇族總共分為三個支系，第一個支系是太祖趙匡胤的子孫，第二個支系是太宗趙光義的子孫，還有一個支系是太祖、太宗的小兄弟趙廷美的子孫。

如果放在平民家庭，三個支系同屬一個家族，當然要編入同一個家譜，取名時當然要遵循同一套輩分。例如我姓李，屬於黃河沖積扇平原邊緣地區的一個李氏家族，我們家族現在已經繁衍到了兩萬人，輩分仍然上下分明，我是良字輩，我父親是明字輩，我祖父是榮字輩，我曾祖是學字輩……我們家族中男性成員取名的時候，只要是大名，中間名一定是輩分。比方說，我是良字輩，我的大名叫李良臣，而不是李開周。

宋朝皇族本來也只有一套輩分：太祖、太宗是匡字輩，他們的兒子是德字輩，兒子的兒子是惟字輩。可是等到宋太宗即位以後，為了讓他自己的子孫永遠都能繼承皇位，不讓太祖趙匡胤和三弟趙廷美的子孫染指，他把趙氏家族分成了三個支系：太祖那一支的輩分不變，他和趙廷美的支系都要另起爐灶，單設一支。

宋太祖那一支的輩分是這樣的：

太祖為第一代，匡字輩，名叫趙匡胤；

太祖的兒子為第二代，德字輩，名叫趙德秀、趙德昭、趙德林、趙德芳；

太祖的孫子為第三代，惟字輩，名叫趙惟正、趙惟忠、趙惟和、趙惟吉（後續從略）；

太祖的曾孫為第四代，從字輩，名叫趙從節、趙從讜、趙從善、趙從恪（後續從略）；

太祖的玄孫為第五代，世字輩，名叫趙世程、趙世卓、趙世安、趙世將（後續從略）；

太祖的高孫為第六代，令字輩，名叫趙令超、趙令言、趙令畤、趙令廣（後續從略）；

再往下，第七代為子字輩，第八代為伯字輩，第九代為師字輩，第十代為希字輩，十一代為與字輩，十二代為孟字輩，十三代為由字輩。

宋太宗那一支的輩分是這樣的：

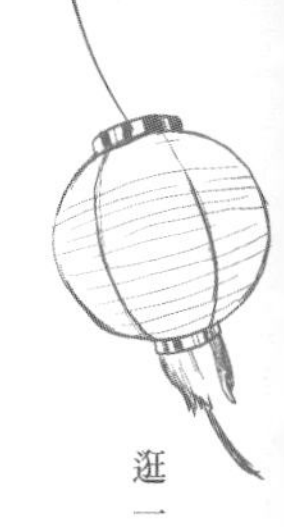



太宗為第一代，匡字輩，本名趙匡義，改名趙光義，後又改名趙炅；

太宗的兒子為第二代，元字輩，名叫趙元侃（即宋真宗）、趙元佐、趙元僖、趙元份（後續從略）；

太宗的孫子為第三代，允字輩，名叫趙允升、趙允言、趙允熙、趙允讓（後續從略）；

太宗的曾孫為第四代，宗字輩，名叫趙宗實（即宋英宗）、趙宗述、趙宗誘、趙宗孟（後續從略）；

太宗的玄孫為第五代，仲字輩，名叫趙仲衢、趙仲先、趙仲翮、趙仲瑺（後續從略）；

太宗的高孫為第六代，士字輩，名叫趙士程、趙士化、趙士販、趙士嚚（後續從略）；

再往下，第七代為不字輩，第八代為善字輩，第九代為汝字輩，第十代為崇字輩，第十一代為必字輩，第十二代為良字輩，第十三代為友字輩。

趙廷美那一支則非常獨特，首先是子孫繁衍相對偏少，人丁不旺，其次是沒有規範的輩分。舉例言之，趙廷美有一個兒子叫趙德隆，德字輩，與太祖的兒子輩分相同。可是趙德隆的兒子卻是承字輩，名叫趙承訓。趙承訓的兒子是克字輩，孫子是叔字輩，到了曾孫，突然沒有了明顯的輩分，名字都叫「×之」，如趙挺之（與李清照的公公同名）、趙羨之、趙珣之、趙升之。「×之」的下一代都是公字輩，公字輩的下一代都是彥字輩，彥字輩的下一代突然又變成了「×夫」，如趙紳夫、趙議夫、趙環夫、趙介夫。

趙廷美支系的輩分已經很怪異了，宋太宗支系的名字更加怪異。

太宗支系的第七代是不字輩，這一代人的姓名統統都是「趙不×」。有些名字還算典雅，如趙不器（取義「君子不器」）、趙不虛（取義「真實不虛」）、趙不惑（取義「五十不惑」）、趙不屈（取義「威武不能屈」）、趙不移（取義「貧賤不能移」）等。有的名字卻非常奇葩，容我抄錄下來，以饗讀者：

趙不呆、趙不干、趙不學、趙不通、趙不薄、趙不法、趙不測、趙不困、趙不虧、趙不賤、趙不近、趙不遠、趙不亮、趙不暗、趙不進、趙不退、趙不俗、趙不偽、趙不憒、趙不怒、趙不驕、趙不傲、趙不輕、趙不滿、趙不衰、趙不敗、趙不悔、趙不吝、趙不解、趙不恥、趙不學、趙不問、趙不淚、趙不棄、趙不群、趙不平、趙不憂、趙不患、趙不文、趙不武、趙不淚、趙不嫖……

看到這些名字，我馬上想起金庸小說《笑傲江湖》裡的華山派——華山少俠令狐沖的師父岳不群就是不字輩，他的同門師兄弟分別叫封不平、叢不棄、成不憂。不知道金庸先生當初給華山派人物取名時，是不是恰好正讀到《宋史•宗室世系表》中宋太宗支系第七代的名字呢？

同樣一個字，古今含義大不相同，例如「趙不嫖」的「嫖」字，現在有嫖娼的意思，很不雅，古義卻為「輕浮」，不嫖者，很穩重，不輕浮是也。

不字輩人丁興旺，繁衍到了一千多人，不可避免會出現同名的現象。據我粗略統計，太宗子孫中至

少有七個人都叫「趙不器」，有四個人都叫「趙不愚」，另外還有四個「趙不求」、三個「趙不武」、三個「趙不憒」、兩個「趙不惑」。這些人的父親為他們取名時，未必知道會和其他宗室子弟同名，因為人數實在太多了，大家互相不認識，只有管理宗室檔案的官員才能搞清每一個「趙不×」的詳細資訊。

據《建炎以來繫年要錄》記載，南宋初年，宋高宗被金兵追趕得四處逃亡，途中遇到一個宗室子弟。高宗問道：「你是哪個支系的子孫？」答曰太宗那支。高宗又問：「你是什麼輩分？」答曰不字輩。「那你叫什麼名字呢？」答曰趙不衰。高宗大喜：「趙氏不衰，好名字，好名字，看來我們趙家江山興復有望啊！」當場封賞了這位趙不衰。其實按照輩分，宋高宗也是不字輩，與趙不衰同輩，按照排行，他應該喊人家哥哥或者弟弟，但他不認識這位同輩兄弟，還得仔細詢問一番，才能知道對方的支系、輩分、排行和名字。

仔細研究太祖、太宗兩個支系的宗室名字，還能發現兩條規律。

第一，同輩子孫除了統一使用某個中間字取名以外，第三個字的偏旁有時也會保持一致，看上去非常規範。例如宋太祖以下第十代，名字分別叫趙希倜、趙希俅、趙希倾、趙希使，都是單人旁。類似規律在民間也能見到，例如蘇東坡的父親、二伯父和大伯父，分別叫蘇洵、蘇渙、蘇澹，偏旁都是三點水；蘇東坡兄弟倆的大名分別叫蘇軾和蘇轍，偏旁都是車；蘇軾與蘇轍的兒子又分別取名蘇邁、蘇過、蘇迨、

蘇遲、蘇適、蘇遠，偏旁都是辶。

第二，上輩與下輩之間的名字中如果用五行做偏旁，一般都會遵循五行相生。比如祖父叫趙與玎，父親叫趙孟鉦，孫子叫趙由治。玎字有土，鉦字有金，治字有水——土生金，金生水。這個規律在北宋和南宋前期並不明顯，直到南宋後期才凸顯出來。

到了明朝，皇帝給後代子孫取名，五行相生的規律更加明顯，大家如果不信，我們來捋一下：

明成祖朱棣，棣屬木，木生火，所以朱棣給兒子明宣宗取名朱高熾；

火能生土，朱高熾給兒子明宣宗取名朱瞻基；

土能生金，朱瞻基給兒子明英宗取名朱祁鎮；

金能生水，朱祁鎮給兒子明憲宗取名朱見深；

水又生木，朱見深給兒子明孝宗取名朱佑樘。

再往後，明武宗朱厚照、明世宗朱厚熜、明穆宗朱載垕、明神宗朱翊鈞、明光宗朱常洛、明熹宗朱由校、明思宗朱由檢，以及最後不知下落的皇太子朱慈烺，名字中都有非常明顯的五行偏旁，父代的名字與子代的名字都嚴格遵循著五行相生的規律。

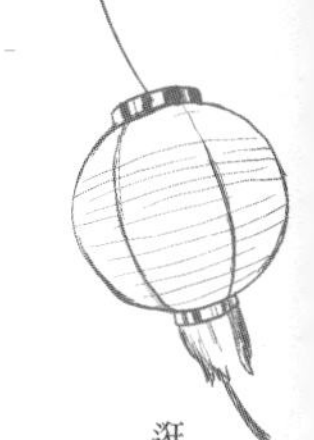



## 宋朝皇族輩分表

| 所屬支派 | 趙匡胤 | 趙光義 | 趙廷美 |
|---|---|---|---|
| 第二代 | 德字輩 | 元字輩 | 德字輩 |
| 第三代 | 惟字輩 | 允字輩 | 承字輩 |
| 第四代 | 從字輩 | 宗字輩 | 克字輩 |
| 第五代 | 世字輩 | 仲字輩 | 叔字輩 |
| 第六代 | 令字輩 | 士字輩 | 統一按「×之」格式取名 |
| 第七代 | 子字輩 | 不字輩 | 公字輩 |
| 第八代 | 伯字輩 | 善字輩 | 彥字輩 |
| 第九代 | 師字輩 | 汝字輩 | 統一按「×夫」格式取名 |
| 第十代 | 希字輩 | 崇字輩 | 時字輩 |
| 第十一代 | 與字輩 | 必字輩 | 若字輩 |
| 第十二代 | 孟字輩 | 良字輩 | 嗣字輩 |
| 第十三代 | 由字輩 | 友字輩 | 絕祀 |

# 第三章　就學

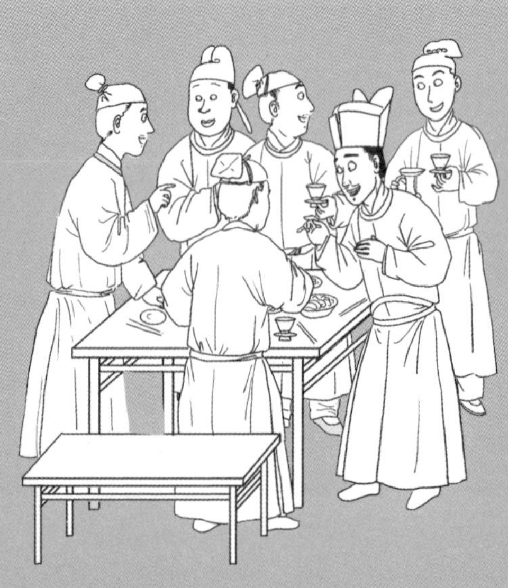

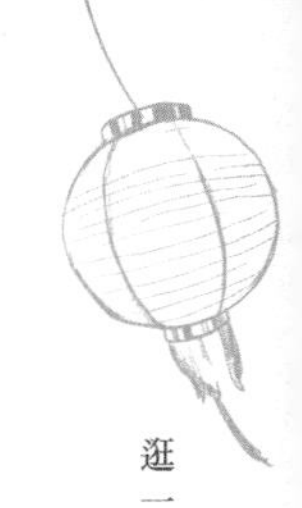



## 八歲上小學

蘇東坡寫過這樣一首詩：

我夢入小學，自謂總角時。

不記有白髮，猶誦《論語》辭。

東坡夢見自己回到童年，回到上小學的年紀，他在夢裡誦讀著《論語》，就像現在的小朋友在課堂上大聲朗讀課文一樣。

這首詩用了一個詞：總角。

總角是將頭髮梳成兩個小小的髮髻，一左一右挽在頭頂兩側，就像長了兩隻角。古代小朋友到了八歲左右，一般都要梳這樣的髮型，而蘇東坡剛好就是在八歲那年開始讀小學的。他在紀念小學同學陳太初的文章裡寫道：「吾八歲入小學，以道士張易簡為師，童子幾百人，師獨稱吾與陳太初。」我八歲上小學，授業恩師是名叫張易簡的道士，學校裡幾百個學生，只有我和陳太初受到張老師的誇獎。

根據現代中國《義務教育法》的規定，兒童入小學的法定年齡是六周歲，通常父母送孩子入學的年齡也是六歲到七歲之間，極少有七歲以後才入學的。蘇東坡八歲才入學，是否太晚了呢？

首先我們要知道，蘇東坡說的是虛歲，而不是周歲，他說八歲入學，實際上是指七歲入學。其次，八歲（七周歲）入學是古代的通例，今天看或許偏晚，當時卻是最適宜的入學年齡，既不算早，也不算晚。

東漢經學家許慎說過：「八歲入小學。」宋朝大儒朱熹也說：「人生八歲，則自王公以下至於庶人子弟，皆入小學。」

現代公立小學對入學年齡有所規範，不滿六周歲是不能入學的，古代並沒有這樣的限制。唐朝醫學家孫思邈七歲入小學，南宋大詩人陸游六歲入小學，岳飛的孫子岳珂則是在五歲那年就上了小學。明朝大臣徐階說：「吾族子弟俊秀者，五、六歲即教之入學。」凡是智力超常的孩子，不用理會八歲入學的老規矩，五、六歲就可以讓他上小學了。

▲蘇繡《村童鬧學圖》

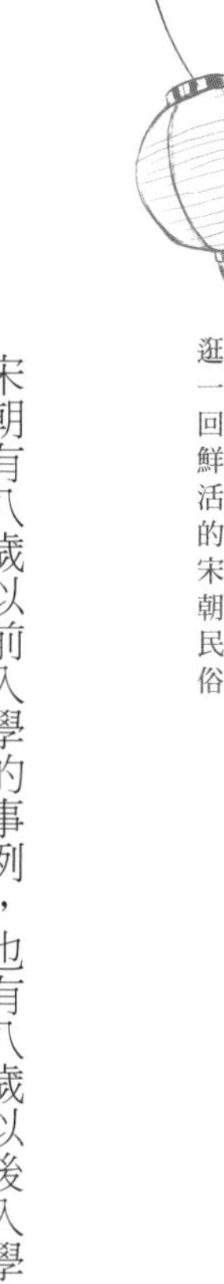

宋朝有八歲以前入學的事例，也有八歲以後入學的事例。《宋會要輯稿•崇儒》載：「諸小學八歲以上聽入。」國立小學既接收剛滿八歲的孩子，也接收八歲以上的孩子。北宋末年江蘇武進有一個名叫張均時的學生，他家境貧寒，上小學時已經十三歲了，是入學很晚的典型。

另外需要說明的是，宋朝只有小學和大學，小學畢業即可考入大學，中間沒有中學。因此，小學的就讀時間變得很長，少則五、六年，多則十餘年。宋徽宗政和年間，首都開封的國立小學裡共有學生一千人，年齡最小的六歲，最大的三十三歲，平均年齡十四歲。為什麼宋朝小學生的平均年齡會比現代小學生大那麼多？正是因為當時的小學生不僅是小學生，還包括相當於中學生的「小學生」。

## 每天學習多長時間？

中國大陸小學一年級語文課本裡有一首清代詩人高鼎的〈村居〉：

草長鶯飛二月天，拂堤楊柳醉春煙。
兒童散學歸來早，忙趁東風放紙鳶。

春天來了，楊柳綠了，村子裡的小學生放學回家，趁著東風放起了風箏，奔跑著，嬉鬧著，玩得非常開心。

「兒童散學歸來早」，意思是很早放學。究竟有多早？詩人沒說。

清朝另有一位名叫石成金的詩人，和〈村居〉作者高鼎生活在同一個時代，他制定了一部《學堂條約》，相當於現在的「小學生守則」，條約中規定了上學和放學的時間：「凡館中子弟，自卯正來學，至酉刻散學。」凡是在本校就讀的學生，每天卯時整到校，酉時整放學。

中國古人以地支計時，卯時是上午五點到七點，卯時整即早上六點；酉時是下午五點到七點，酉時整即傍晚六點。早上六點到校，傍晚六點放學，學生每天在校時間整整十二個小時。與現在的小學生比起來，上學時間偏早，放學時間偏晚。

將高鼎的詩與石成金的學生守則一對比，就知道學生們並沒有普遍遵循的放學時間，像石成金規定的那樣漫長又嚴格的學習時間，或許只適用於一、二所學校而已，其他絕大多數國立小學和私立小學應該各有自己的時間安排。

南宋大臣魏了翁回憶說：「予自幼與內外眾兄弟皆從杜德稱先生遊，蟲飛而興，日落而罷，夜窗率漏下二十刻，受館十餘年如一日也。」（《鶴山全集》卷八三〈杜隱君希仲墓誌銘〉）魏了翁小時候，族人共同聘請了一位私塾先生，為族中子弟授課，每天凌晨入塾就讀，太陽落山放學回家，晚飯後還有自修，直到「漏下二十刻」結束，也就是夜裡十點左右方才就寢。

南宋另一位大臣袁甫小時候是跟著父親就讀的，每天學習也很刻苦：「甫自幼洎長，侍先君子側，平旦集諸生及子，危坐說書，夜再講，率至二鼓，無倦容。」（《蒙齋集》卷十一〈挈齋家塾書鈔後序〉）袁甫的父親是老師，一大早就讓學生們集合，他正襟危坐授課。白天講完，晚上接著講，一直講到二更天。古人將一夜分為五更，二更指的是晚上九點到十一點之間。

宋寧宗慶元五年（一一九九年），魏了翁中了探花。宋寧宗嘉定七年（一二一四年），袁甫中了狀元。他們兩位之所以能取得如此優異的成績，和小時候刻苦攻讀應該是分不開的。

## 宋朝沒有暑假

無論小學生、中學生還是大學生，每年都會放暑假，幾乎是全世界的通例。

有人說，暑假源於私塾。古代沒有空調，沒有風扇，在私塾裡讀書的小朋友怕熱，老師也怕熱，為了避免在課堂上中暑，就得給大家放假。由於這種假期是私塾放的，所以叫「塾假」，後來以訛傳訛，就演變成了「暑假」。

這個說法很有意思，可惜不符合史實。

古代稍大一些的私塾，一般都制定了學規，也就是學生守則，其中一部分學規留存至今，在現代圖

書館裡可以讀到，例如《社學要略》、《義學條約》、《村塾條規》、《家塾規例》、《家塾常儀》等。這些學規最早可以追溯到南宋，最晚的一份出於民國，不過無論時代早晚，沒有任何一份學規曾經提到放暑假的規定。

宋朝官府注重教育，除了遍地開花的私塾，還有書院以及完全官辦的縣學、州學、府學、太學、國子學。書院與官學同樣是有學規的，如宋仁宗時的《京兆府小學規》、宋神宗時的《並州學規》、宋理宗時的《白鹿洞書院揭示》、宋孝宗時的《會稽學規》和《麗澤書院規約》，以及後來元朝的《廟學典禮》、明朝的《太學志》、清朝的《嶽麓書院規約》，包括康有為、梁啟超師徒創辦新式學堂時制定的《湖南時務學堂學約》，都不曾提到放暑假。

一九〇五年，教育改革家嚴范孫先生批判中國的舊式教育，說了這麼一句話：「往者學校未興，吾國兒童無畢業之期，無寒暑之休，無實驗之法，無體操之訓。」過去新式學校尚未興起，中國兒童享受不到現代化的教育，沒有畢業年限，沒有科學實驗，沒有體育課程，也沒有寒假和暑假。

▲ 宋神宗時鑄造的「元豐通寶」，現藏於臺北國立故宮博物院

由此可見，不僅是宋朝，整個古代中國都是沒有暑假的。

中國學校是什麼時候才開始放暑假的呢？答案是清朝末年。

清朝末年，西學東漸，傳教士創辦的教會學校在各大城市遍地開花，將西方的現代教育模式帶到了中國，也把歐美等國放暑假的習慣帶了進來。出生於清朝末年的翻譯家穆木天先生讀過私塾，也讀過教會學校，他在回憶錄中寫道：「教會學校放暑假、寒假和聖誕假，這在舊式學堂裡是沒有的，所以倍覺新鮮。」兒童教育家陳鶴琴先生幼年也是在私塾就讀，後來考入杭州的一所教會中學，他說在中學度過了求學生涯中的第一個暑假，那一年是光緒三十二年（一九〇六年）。

教會學校刮來新風的同時，清政府也派人出國考察新式教育，將體育課、實驗課、學期制和寒暑假制度一起搬運回國。大約從一九〇三年開始，清廷創辦的新式學堂裡漸漸出現了放暑假的現象。

不過從清末到民國，新式學校與傳統私塾一直並存，私塾通常不放暑假。直到二十世紀三〇年代國民黨政府完成對私塾的強制性改革以後，暑假才得以普及。

## 國立學校不收費

據南宋筆記《都城紀勝》記載，臨安府中學校甚多，除太學、武學、宗學、京學、縣學等官辦學校

外，「其餘鄉校、家塾、舍館、書會，每一里巷須一、兩所，弦誦之聲往往相聞。」鄉校、家塾、舍館、書會，這些都是私立學校或者民間的學習型社團，比官辦學校數量更多，每一個社區、每一條小巷，都能找到一、兩所，到處都能聽到悅耳的琅琅讀書聲。

這麼多學校，有收費的，也有免費的。一般來說，官辦學校都免費，私立學校都收費。

宋徽宗在位時，財政實力達到頂峰，官辦學校也進入了最繁榮、最興盛的時期。那時候，縣有縣學，州有州學，府有府學，中央有太學。縣學、州學、府學、太學，統統不收學費。

雖說不收學費，雜費還是要收一些的。《宋會要輯稿・崇儒》載：「縣學並州縣小學更不給食，願陪廚者聽。」在縣立大學、縣立小學、州立小學這三種學校讀書，學費可免，伙食費不可免，學生要麼回家吃飯，要麼交一筆伙食費，在學校食堂就餐。

太學是宋朝最高學府，既免學費，也免伙食費。陸游《老學庵筆記》載：「士人入辟雍，皆給券。」讀書人一旦考入太學，就可以領到一張永久免費的用餐券。

宋朝所有的學校當中，太學的用餐標準也是最高的。宋寧宗嘉定年間，一個名叫羅大經的學生在太學讀書，「近時諸齋，亭榭簾幙，競為靡麗，每一會飲，黃白錯落。」（羅大經《鶴林玉露》）每個班級的教室都美輪美奐，像花園別墅，學生們定期聚餐，席上餐具有金有銀，錯落有致。

在北宋後期以及南宋中後期，太學生考試很頻繁，每月一小考，每季一大考，每年一終考，每次考試完畢，太學必設豐美宴席來犒勞學生。另外每月初三、初八、十三、十八、二十三、二十八這幾天，都是太學生打牙祭的日子，伙食標準較常日再提升一級。

《苕溪漁隱叢話》記載太學主食，春、秋兩季為饅頭，夏天為冷麵，冬天為包子，「而饅頭尤有名，士人得之，往往轉送親識。」太學包子（宋時稱包子為饅頭，詳見拙著《吃一場有趣的的宋朝飯局》）尤其是出了名的美味，學生們吃不完，打包帶回去送給親友。宋神宗即位後，唯恐太學生吃不好，專程去太學食堂視察工作，拿起一個包子嘗了嘗，說：「以此可以養士矣！」嗯，味道不錯，用這麼好吃的包子為國家培養人才，夠資格！

不過在宋神宗即位前，並非所有太學生都能免費用餐。例如宋仁宗慶曆年間，「太學上舍、內舍生，並官給日食，其餘自備。」（《宋會要輯稿・崇儒》）太學生按入學時間和成績好壞分為上舍生、內舍生、外舍生。外舍生年終考試成績優異，可以升入內舍；內舍生兩年以後再考，成績優異者升入上舍；上舍生兩年後再考，成績優異者即可做官。上舍生和內舍生吃飯不花錢，外舍生則要自備伙食。

兄弟們，為了能免費享用無比美味的太學包子，趕緊努力學習吧！

## 太學生怎樣請假？

李清照的第一任老公是趙明誠，她剛過門時，趙明誠還是個尚未畢業的太學生。關於李清照夫婦的新婚生活，〈金石錄後序〉中是這麼寫的：

余建中辛巳，始歸趙氏。時先君作禮部員外郎，丞相時作吏部侍郎。侯年二十一，在太學作學生。趙、李族寒，素貧儉。每朔望謁告出，質衣，取半千錢，步入相國寺，市碑文果實歸。

宋徽宗建中靖國元年（一一〇一年），李清照嫁給趙明誠。當時李清照的父親李格非是禮部員外郎，趙明誠的父親趙挺之是吏部侍郎。趙明誠二十一歲，正在太學讀書，平常不能回家，讓李清照獨守空房，到了每月初一和十五，才請假出校，回家探親，小倆口一起去逛相國寺。

宋朝太學沒有寒暑假，也沒有週末，一年當中只有春節、冬至、清明節三個假期。趙明誠新婚燕爾，想念嬌妻，等不到放假，只能請假。

請假必須有正當理由，最正當的理由是家中有長輩亡故（可以請二十七個月長假），或者父母年邁體弱，乏人侍奉。但是這兩種理由都是可一可二不可三的，請一、兩次還可以，第三次就會令人生疑。趙明誠每月初一和十五都要回家，自然需要別的理由。

用什麼理由才可以頻繁請假呢？一條是「腸肚不安」，一條是「感風」，也就是拉肚子以及鬧感冒。

太學生出身的南宋官員陳鵠在《西塘集耆舊續聞》中寫道：

> 如有故不宿，則虛其夜，謂之「豁宿」。故事，豁宿不得過四，遇豁宿，曆名下書「腸肚不安，免宿。」一余為太學諸生，請假出宿，前廊置一簿，碎云「感風」。

太學生應該在校內住宿，如果請假外出，稱為「豁宿」。每月豁宿不能超過四回，而且每次豁宿前都要在請假簿上註明理由，例如拉肚子、鬧感冒，需要回家看病，不然會弄髒宿舍、傳染同學之類的。

我估計，趙明誠每月兩次請假回家和李清照團圓的時候，理由大概也是感冒和拉肚子。在那個含蓄內秀的時代，他不可能這樣請假：「報告老師，我想老婆了，我要回家！」那會被開除學籍的。

## 宋朝學校裡有沒有女生？

宋朝是才女輩出的朝代。

李清照是才女，自不待言，此外如朱淑真、吳淑姬、賀羅姑，都是才女。陸游的母親唐氏自幼傾慕秦觀詩詞，說明她也是才女。王安石的妻子吳國夫人能填詞，能寫一手好文章，更是才女。王安石還有一個女兒，嫁給了老同學吳充的兒子吳安持，過門之後，想念家鄉，寫過這樣一首詩：

西風不入小窗紗，秋意應憐我憶家。
極目江山千萬恨，依前和淚看黃花。（轉引自《臨漢隱居詩話》）

詩風清麗可喜，可見也是一個為才女。

才女不是天生的，一個女孩無論智商多高，如果沒有人教她讀書識字，絕對不可能成為才女。當然，男孩也一樣。

李清照之所以能成為才女，是因為自幼受到良好的家庭教育——她父親李格非是散文名家，寫過膾炙人口的《洛陽名園記》。作家父親培養作家女兒，順理成章，水到渠成，甚至可以說天經地義。

陸游的母親唐氏之所以能成為才女，也是因為良好的家庭教育。陸游的外公唐介是宋仁宗時著名的諫官，和包拯交情莫逆。陸游的舅公晁補之是蘇東坡的學生，能書畫，善詩詞，北宋後期有名的才子。晁補之與秦觀同為蘇軾門生，唐氏愛讀秦觀詩詞，應該就是因為舅舅晁補之的介紹。

王安石的妻子和女兒之所以能成為才女，更與好家教分不開。妻子吳氏出身於臨川望族，女兒當然更不用說，那是大政治家兼大學問家的女兒。

事實上，王安石的三個妹妹也都能寫詩，「草草杯盤供笑語，昏昏燈火話平生。」就是他的大妹王文淑寫下的佳句。推根溯源，還是因為王家世代書香，家教優良——王安石的祖父王用之和父親王益都

是進士，極其重視子女教育。

總而言之，宋朝才女之所以成為才女，主要是因為家教，而不是因為學校。在那個時代，無論是官辦的太學、府學、州學、縣學，還是民間的私塾和半民間的書院，都是不收女生的，否則李清照身為京官之女，完全有資格與夫君一起入太學，也用不著讓趙明誠每月請假兩次回家了。

北宋志怪小說《青瑣高議》後集第七卷寫過一則傳奇故事：

宋仁宗至和二年（一〇五五年），一個名叫溫琬的女孩呱呱落地，她的父親是個商人，在她周歲時病故，母親將她寄養在姨母家。溫琬自幼愛學，苦於無人教導，於是女扮男裝去私塾就讀，同學們和她相處一年有餘，竟不知道她是女生。

長大後，溫琬沒有生活來源，不得已流落為娼，但是仍然不忘讀書。她熟讀儒家經典，能將《孟子》倒背如流，並著有《孟子解義》八卷，對經書的理解不亞於飽學宿儒，連司馬光都對她讚賞有加，是當時名副其實的才女。

溫琬的故事很勵志（流落為娼除外），但也反映了客觀的現實，那就是宋朝的私塾不收女生。如果女生可以入學，她幹嘛要像祝英台那樣女扮男裝呢？

## 神童是怎樣煉成的？

女生不能入學，一是因為女性的社會地位低，二是因為「男女之大妨存焉」，怕男女同校有傷風化，三是因為女性不能做官（最多只能在宮裡做女官），家長們失去了送女兒上學的動力。

對於兒子，宋朝父母滿懷期望地傾注心血，強烈渴望能將他們培養成神童。

宋朝雖然已經普及科舉，但平民子弟在仕途上仍然困難重重，一是參加地方考試（解試）時被解送進京的概率低於官員子弟，二是考中進士（會試）的概率低於官員子弟，三是參加公務員考試（關試）時獲得保薦的概率低於官員子弟，四是做官後再參加升官考試時獲得保薦的概率同樣低於官員子弟。除此之外，平民子弟還存在第五項劣勢：家庭條件通常較差，要麼沒有讀書的機會，要麼在科舉落第之後和重新應考之時，得不到可以持續的經濟支持。

可是一旦將孩子打造成神童，就有可能被地方官保送進京，參加由皇帝親自主持的面試，只要獲得皇帝認可，就有機會做官，甚至還可能做大官。例如北宋大臣楊億、晏殊以及南宋大臣胡穎，走的都是這條捷徑。

關鍵是怎樣才能把孩子打造成神童呢？那些望子成龍的宋朝老百姓是這麼做的：「小兒不問如何，

粗能念書，自五、六歲即教之五經，以竹籃坐之木杪，絕其視聽。教者預為價，終一經，償錢若干，晝夜苦之。」（葉夢得《避暑錄話》）

且不管孩子智商如何，從五、六歲時就教他讀誦《尚書》、《周易》、《詩經》、《禮記》、《春秋》。如果父母不認字，就聘請家教，按照孩子背誦的篇章多寡給家教付酬。比如說孩子這個月背熟了《尚書》，獎給家教五千塊錢；下個月孩子又背熟了《周易》，再獎給家教五千。總之是論件計酬，公平交易，像生產零件一樣生產神童。

才五、六歲的孩子，肯定貪玩，肯定對佶屈聱牙的古文經典不感興趣，你讓他背書，他背著背著就溜出門玩耍去了。怎樣才能讓孩子專心學習呢？這些家長的辦法簡直絕了：找一只大小合適的竹籃，把孩子和經書打包塞到籃子裡，再把籃子吊到高高的樹梢上去。孩子背累了想玩耍，從籃子裡探出小腦袋往下瞧，哎呀媽呀，下不去啊！哇哇哭兩聲，大人不理，只好繼續學習。

我們來看看宋朝官修歷史上記載的那些神童吧！

段祐之，開封人，十一歲會背四經，被宋真宗賜予「童子出身」（即經由朝廷認證的神童）。

邵煥，睦州人，十二歲會做詩賦，被真宗任命為「祕書省正字」。

重輌，南康軍平民子弟，六歲能背《易經》，而且會用《易經》占卦，被真宗賜予童子出身。

徐世長，楚州人，十二歲能背五經，被真宗賜予童子出身。

徐世昌，徐世長的弟弟，八歲能背三經，被真宗賜予童子出身。

朱天錫，饒州人，九歲能背七經，被神宗賜予童子出身，並賜錢五萬。

朱天申，朱天錫的哥哥，十二歲能背十經，被神宗賜予童子出身。

朱君陟，饒州人，九歲能背六經，被神宗賜予童子出身，並賞賜絲綢二十匹。

朱君陞，朱君陟的哥哥，十歲能背十經，被神宗賜予童子出身，並賞賜絲綢三十匹。

朱虎臣，饒州人，十歲能背七經，並且能射箭，能排兵布陣，被高宗賜予武職官銜「承信郎」。

張揉，饒州人，九歲能背九經，並且能做古體詩，被高宗賜予文職官銜「迪功郎」……

上述神童各有特長，有的能口占詩賦，有的能背誦經書，還有的內外雙修、兼備文武，不過大多數神童都是靠背誦經書上位的。這也難怪，小孩子記憶力好，理解力不行，只要加強訓練，完全有可能將幾本經書背到滾瓜爛熟的程度。但是如果想要口占詩賦或者文武雙全，那就必須具備驚人的天賦，天資普通的孩子再怎麼強化訓練都不行。

有鑑於此，背誦就成了宋朝神童的速成大法。用宋高宗的話說：「朕自即位以來，童子以誦書推恩

多矣。……向有萬頃，自言能詩，嘗指金唾壺命題試之，筆擱不下，蓋出其不備耳。」自從朕即位以來，大部分神童展示的才能都是背書，並沒有別的本事。曾經有一個名叫萬頃的孩子毛遂自薦，說他會寫詩，高宗指著黃金痰盂讓他寫一首，他一個字都寫不出來。這種孩子大概只會「寫」一些精心準備過的詩，碰到臨時命題，他就沒輒了。

# 第四章　婚嫁

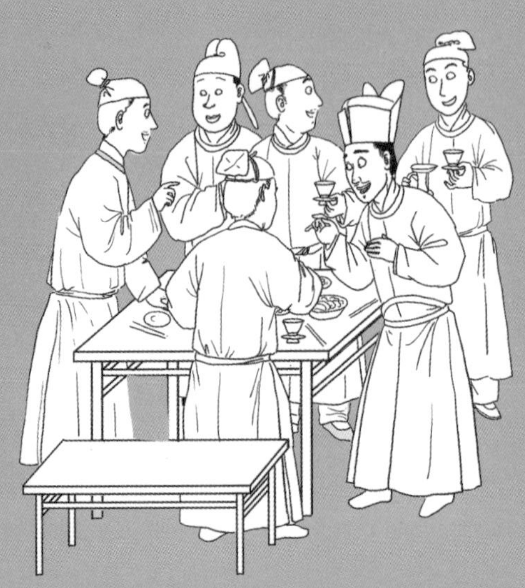

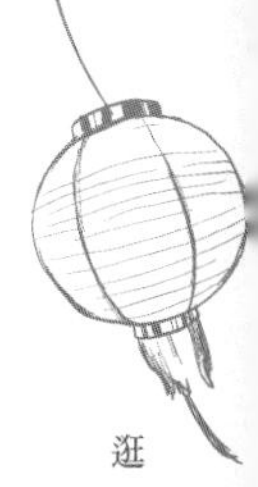



## 宋朝流行早婚

司馬光二十歲（虛歲，下同）中進士，並在這一年娶了禮部尚書張存的女兒。

黃庭堅二十三歲中進士，並在這一年娶了著名經學家孫覺的女兒。

歐陽修二十四歲中進士，兩年後才成家，娶了恩師胥偃的女兒。

司馬光、黃庭堅、歐陽修，他們三人都是先中進士，再娶妻，正應了那句老話：「洞房花燭夜，金榜題名時。」雙喜臨門，好福氣。

歐陽修二十六歲結婚，黃庭堅二十三歲結婚，放在今天還算合適，司馬光的成婚年齡未免偏早了一些。如前所述，他二十歲娶妻，還是虛歲，實際年齡僅十九歲，與今日中國男性二十二歲才能成婚的法律規定相比，他當然屬於早婚。

不過在宋朝，比司馬光還要早婚的例子多了。

蘇東坡的爸爸蘇洵十八歲那年就娶了蘇東坡的媽媽，當時蘇東坡他媽也是十八歲。

蘇東坡本人十九歲那年就娶了第一任妻子王弗，當時王弗才十六歲。

蘇東坡的弟弟蘇轍十六歲娶妻，他的妻子才十五歲。

蘇東坡的三姐蘇八娘十六歲出嫁，男方程正輔十七歲。

李清照在〈金石錄後序〉中提到自己的出嫁年齡：「自少陸機作賦之二年。」陸機二十歲作賦，可見清照是在十八歲那年出嫁。這裡的十八歲仍為虛歲，實際年齡才十七，今日中國女孩子的法定婚齡是二十歲，李清照比這一法定婚齡早了三年。

當然，女生二十歲成婚只是現在的法律規定，宋朝的法律規定要比這早得多。北宋前期法典《宋刑統》規定：「男年十五，女年十三以上，並聽婚嫁。」男生虛歲超過十五，女生虛歲超過十三，就可以結婚了。所以說，李清照、蘇東坡、蘇洵、司馬光等人都是過了當時的法定婚齡才結婚的，並沒有違法，就連蘇轍的妻子十五歲（周歲十四）成婚也是合法的。

男方虛歲十五，女方虛歲十三，都是孩子，生理上或許已經成熟了，心理年齡還遠遠不夠，既沒有獨立謀生的本事，又沒有撫養後代的能力，讓他們這麼早就結婚，很不負責任嘛！

早婚的司馬光大概發現了早婚的風險，所以他在《司馬氏書儀》一書中提出了較為科學的結婚年齡：「男年十六至三十，女子十四至二十，身及主婚者無期以上喪，皆可成婚。」男方虛歲在十六歲到三十歲之間，女方虛歲在十四歲到二十歲之間，男女雙方及主婚人又都不在親人的喪期之內，方才可以談婚論嫁。

司馬光提出的結婚年齡僅比宋朝法定婚齡大一歲，用我們今天的眼光來看，還是屬於早婚。

## 表哥娶表妹

南宋晚期小說集《醉翁談錄》甲集第二卷中有這麼一則故事：

紹興副市長張某，膝下一男一女，兒子名叫阿麟，女兒名叫瓊娘。十餘年後，兒女談婚論嫁，阿麟娶妻梁氏，瓊娘嫁給了一戶姓呂的人家。婚後不久，瓊娘和阿麟的妻子梁氏都懷了身孕，瓊娘向梁氏提議道：「妳我現是熟親，情愛無間，若我二人生下男女，當再結姻親，益修前好。」我們兩家現在是至親，關係好得不得了，假如我生的是兒子，妳生的是女兒，我們就要親上加親，讓兩個孩子成婚配對。梁氏聽了這個建議，連連稱好。

十月懷胎，一朝分娩，瓊娘果然生了一個兒子，取名星哥；梁氏果然生了一個女兒，取名織女。姑嫂二人每次會面，都會重新提到之前的盟約，一心要讓星哥和織女結成夫妻。星哥和織女漸漸長大，也互相有了思慕之心。

但是事與願違，梁氏的公公（也就是瓊娘的父親）張副市長趨炎附勢，結交權貴，非要把織女嫁給一個高官的兒子。織女與星哥一合計，決定私奔，於是雙雙逃到成都，在四川結成了夫妻。

這個故事裡，織女與星哥是姑表兄妹，兩人的婚姻關係屬於典型的近親結婚。近親結婚不符合優生學的原理，所以被現代婚姻法所禁止。但是宋朝人還沒有理解近親結婚的危害，姑嫂之間和姐妹之間往往熱衷於親上加親，於是表哥娶表妹就成了司空見慣的現象。

我們知道，陸游的第一任妻子名叫唐婉，她是陸游的舅舅唐仲駿的女兒，也是陸游的媽媽唐氏的侄女。陸游娶唐婉，正是表哥娶表妹的例證。

假如不考慮優生學，表親結婚對女方來講還是有好處的：姑表親結婚，婆婆是自己的姑媽；姨表親結婚，婆婆是自己的姨媽。姑媽疼侄女，姨媽疼外甥女，乃是人之天性，婆媳之間有親情，容易相處，兒媳不會受到婆婆虐待。

可惜陸游和唐婉的婚姻是個特例，因為陸游他媽有點變態，竟然十分討厭自己的兒媳兼侄女，硬逼著陸游和唐婉離了婚。陸游很愛唐婉，可是母命難違啊，只能照辦。後來唐婉改嫁，陸游再娶，兩人在城郊花園中偶然相會，那真叫一個傷心欲絕。

陸游他媽為什麼要讓陸游和唐婉離婚呢？有三種解釋：

第一，老太太看不慣兒子和兒媳卿卿我我，吃醋了；

第二，她希望陸游建功立業，不想讓他沉迷於兒女私情；

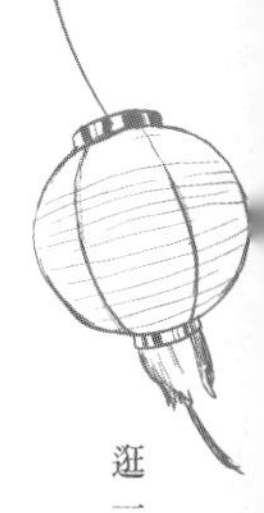



第三，唐婉不會生育。

據我分析，最後一個解釋才是最可能符合史實的解釋。

唐婉與陸游一起生活時，沒有生下一男半女。後來她改嫁給宋太宗的第六代孫、陸游的遠門表兄弟趙士程，仍然沒有生下一男半女。趙士程有一個兒子，名叫趙不摴，但是這個兒子並非唐婉所生，而是趙士程的小妾所生。

再看陸游，他與唐婉離異後，續娶了一個姓王的姑娘，此後又接連納了幾個小妾。這些妻妾總共為陸游生下七個兒子，以及至少一個女兒。由此可見，陸游是有生育功能的，而唐婉沒有。

《孟子》云：「不孝有三，無後為大。」古代的中國人，特別是老年人，將生養子嗣看得比天還大。《儀禮》則更進一步，將「無子」作為男人休妻的七條合法理由的第一條。唐婉嫁入陸家，不能幫陸家生養後代，分明犯了七出之條，陸游與她離異，在那個時代是合情合理也合法的。

## 同姓不婚

記得大學畢業那年，一位男同學和一位女同學結婚，在飯店裡舉行婚禮。按照規矩，我要送上一筆禮金，順便再去喝一頓喜酒。為了不耽誤喝喜酒，那天我老早就趕到飯店，只見大門口電子螢幕正滾動

播放如下內容：

恭賀張××先生、王××小姐，喜結良緣，永結同心。

我看得一愣，不對啊，這對新人我都認識，都是我的同學，××小姐明明姓張，怎麼改姓王了？莫非飯店工作人員馬虎大意，把字幕弄錯了？又或者張××先生和張××小姐鬧翻，臨陣換將，另娶了一位姓王的女孩？

我趕緊殺進大堂，新郎在，新娘還沒到。我把新郎拉到一邊，悄悄問他：「哥們兒，王××是誰？」

他說：「就是張××啊！」

「她怎麼改姓了呢？」

「婚禮主持人讓改的啊！他們說我們兩個都姓張，不太吉利，臨時給她改個姓，等結完婚再改過來。」

我恍然大悟。

同姓男女不能成婚，這是中國的傳統習俗。

《左傳》云：「男女同姓，其生不蕃。」同姓男女婚配，不利於繁殖後代。

《國語》云：「娶妻避其同姓，畏天災也。」娶妻要避開同姓，否則上天會降下災禍。

《白虎通》云：「同姓不得相娶，皆為重人倫也。」同姓之間為什麼不能婚配呢？因為違背人倫。

二十四史中的《北史》載有北魏孝文帝關於婚配的論斷：「夏殷不嫌一族之婚，周世始絕同姓之娶。」假如北魏孝文帝沒有說錯的話，在傳說中的夏朝和遠古的商朝，同姓同族應該還是可以成婚的，但是從周朝開始，同姓不婚已經成為中華習俗的一部分。

在遠古中國，同姓往往意味著同族，意味著同處一個部落，部落成員血緣相近，血脈相同，假如結婚，就是近親結婚。現代人都知道，近親結婚違背優生學，生出的後代有可能品質不佳，造成智商或生理上的先天缺陷。先民未必懂得優生學，不過他們在漫長的近親婚配史中，必定發現了許多失敗的案例，漸漸認識到近親結婚不好，最終將同姓同宗的婚配列為禁忌（卻沒有將表親婚配列為禁忌）。

按《左傳》記載，晉國公子重耳逃到鄭國，鄭文公不接待他。為什麼不接待呢？因為重耳他爹姓姬，他媽也姓姬，他是同姓婚配的產物，所以重視同姓不婚傳統的鄭文公看不起他。

從周朝到秦漢，從魏晉到唐宋，中國一直有同姓不婚的風俗，甚至還把這個風俗上升到了法律層面。以宋朝律法為例：「諸同姓為婚者，各徒二年。」同姓的一男一女結婚，被官府發現，將會處以兩年徒刑。

當然，古代中國的法律和現實往往是脫節的，紙面上的規定未必能在現實中得到實施。查《三朝北盟會編》：「俊有愛妾，錢塘妓張穠，知書，俊文字，穠皆與之。」說的是南宋大將張俊娶杭州妓女張穠為妾，張穠知書達禮，文化水準高，張俊平日的公文和書信，都由張穠來代辦。張俊姓張，張穠也姓張，他和她同姓，卻結了婚。

大家可能認為，同姓不婚僅限於娶妻，不限於娶妾，張俊娶同姓的小妾，並不違背傳統習俗。但是被儒家奉為傳統習俗聖經的《禮記・曲禮》寫得很清楚：「娶妻不娶同姓，故買妾不知其姓，則卜之。」娶妻不可以娶同姓，納妾也不可以納同姓，假如在戰亂之際和風化之地娶妾，無法得知妾的姓氏（例如女方自幼被拐賣，不知道生身父母是誰），那就要請神仙來幫忙，好好占卜一下。假如占卜結果顯示該妾與你同姓，仍然不能迎娶回家。

宋朝文官武將多如牛毛，違背同姓不婚習俗者極其稀少，目前僅發現張俊一例而已。不過普通老百姓中，同姓成婚的可就多了。宋哲宗在位時，禮部官員魏承訓上奏說：「同姓而婚，例有明禁，而閩中愚民不曉禮法，同姓合娶者所在多有。」官府雖然對同姓婚配明令禁止，但福建一帶違背禁令者比比皆是。

宋代福建有兩大姓，福州人多姓林，建州人多姓葉，如果葉姓與林姓通婚，當然不違背禁令，可是在方圓百里內均為林姓或均為葉姓的情況下，官府總不能強求當地百姓跋涉百里以外，去完全陌生的地

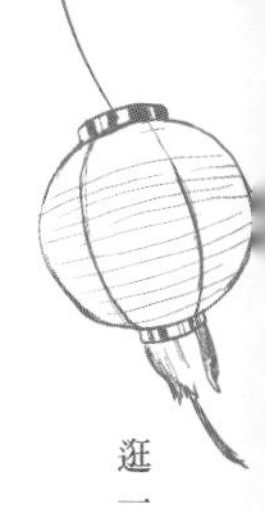



方向完全陌生的異姓求婚啊！

## 朋友成親家

王安石寫過一首特別小眾的詩：

同官同齒復同科，朋友婚姻分最多。
兩地塵沙今齟齬，二年風月共婆娑。
朝倫孰與君材似，使指將如我病何。
升黜會應從此異，願偷閒暇數經過。

這首詩的題目是〈酬沖卿見別〉，意思是馬上要和沖卿分別了，臨行前寫首詩送給他。沖卿是誰呢？他是王安石的好朋友，名叫吳充，字沖卿，福建人，宋仁宗景祐五年（一〇三八年）中進士，官至同中書門下平章事，相當於宰相。

王安石生於一〇二一年，吳充也是生於一〇二一年；王安石一〇三八年中進士，吳充也是一〇三八年中進士；王安石做過同中書門下平章事，吳充在王安石退休後也做了同中書門下平章事。兩人同年出生，同年金榜題名，後來又做同樣的官，即使在官僚機構龐大、官員數量眾多的宋朝，也算得上是機率

不大的事。鑑於他們如此有緣，理所當然成了好朋友。不但成了好朋友，王安石還把女兒嫁給了吳充的兒子。所以這首詩開頭就說：「同官同齒復同科，朋友婚姻分最多。」我們倆同官同年又同科，從好朋友變成親家的事例很多很多。

朋友變親家，確實不鮮見。

黃庭堅和江安縣令石諒是好朋友，他的兒子黃相娶了石諒的女兒；蘇轍和濮州太守王正路是好朋友；把二女兒嫁給了王正路的兒子王適；蘇轍的叔父蘇煥與同年進士蒲師道交好，他的兒子蘇不欺娶了蒲師道的女兒；蘇東坡和歐陽修結為忘年交，他的兒子蘇迨娶了歐陽修的孫女；在范仲淹之前駐守陝西邊境的大臣范雍與朝中大佬韓億是死黨，把女兒嫁給了韓億第四個兒子韓絳……

當然，好朋友之間結親，未必總是你的兒子娶了我的女兒，我的女兒嫁給你的兒子，有時候是結成「拐彎親家」，讓自己的兒子與對方的侄女結婚，讓自己的侄子與對方的女兒結婚，或者雙方沒能結親，卻互相做了對方子女的媒人。例如蘇東坡與畫竹子的文與可是至交，後來把侄女嫁給文與可的兒子文務光；蘇轍與曾鞏是至交，後來把女兒嫁給曾鞏的侄子曾縱；黃庭堅與李龍眠是至交，後來他的女兒黃睦嫁給李龍眠的侄子李文伯；真宗朝宰相王旦與真宗的老師李沆是至交，後來王旦的兒子娶了李沆的侄女；陸游的老師曾幾與詩人呂本中是同年進士，後來呂本中做媒讓侄子娶了曾幾的女兒；蘇東坡曾經

想給老上司司馬光的繼子司馬康做媒，讓司馬康迎娶堂兄蘇不疑的女兒，可惜司馬康沒有同意，否則又是一對「拐彎親家」。

金庸先生武俠經典《射雕英雄傳》裡也有好朋友成親家的案例：楊鐵心與郭嘯天是好朋友吧？當兩人各自的妻子都有了身孕之後，不約而同地想到了結親。楊鐵心道：「要是咱們的孩子都是男兒，那麼讓他們結為兄弟；倘若都是女兒，就結為姐妹……」郭嘯天搶著道：「若是一男一女，那就結為夫妻。」兩人伸手相握，哈哈大笑。金庸先生說：「當時指腹為婚，事屬尋常，兩個孩子未出娘胎，雙方父母往往已代他們定下終身大事。」

小說情節最忌一帆風順，假如在《射雕英雄傳》後文，郭、楊兩家真的結成親家，然後讓小倆口在牛家村安居樂業、白頭偕老，故事肯定無趣之極。所以金庸先生安排了各種天災人禍，先讓郭嘯天被殺，讓楊鐵心流落江湖，再讓二人的妻子遠赴他鄉，一個把孩子生在金國，一個把孩子生在蒙古。兩個孩子長大後又遭逢奇遇，一個娶了桃花島主的女兒，另一個慘死在嘉興鐵槍廟。眾所周知，這兩個孩子分別就是郭

▲（宋）劉松年《西園雅集圖》

靖和楊康。

楊康作惡多端、惡有惡報，且不說他。郭靖之所以能與桃花島主之女結親，除了因為他天性忠厚之外，還因為少年之時就浪跡江湖，四海為家，如果像父親郭嘯天一樣定居牛家村，怎麼可能遇上黃蓉呢？我的意思是，生活圈決定擇偶機遇，一個人在遙遠的地方結了親，若非他自己的生活圈變大了，則必然是其父其母的生活圈變大了。

仍以宋朝人物為例：王安石的祖上王明僅是一介農夫，只能娶本地村姑，自從王安石的父親進士及第之後，王家的婚配對象就開始從臨川鄉下擴大到整個江南，後來王安石的女兒嫁到福建（一個女兒嫁給老朋友吳充的兒子吳安持，另一個女兒嫁給蔡京的弟弟蔡卞），王安石弟弟王安禮的孫子娶妻山東，都是生活圈不斷擴大的結果。

## 榜下捉婿

俗話說得好：「金花配銀花，槲瓜配黃瓜。」男女之間談婚論嫁，拋開「一見鍾情」之類的主觀因素不談，最重要的還是品貌相當、門當戶對。否則，不管剛開始感情多麼深厚，不管許下多少海誓山盟，等到多巴胺、內啡肽、後葉加壓素、去甲腎上腺素等「愛情荷爾蒙」逐漸消退，夫妻之間就會出現各式

各樣的矛盾，躲都躲不掉。

這個觀點很俗，一點兒都不浪漫，可是符合人類社會的客觀事實，尤其符合中國社會的客觀事實。

前面說王安石的女兒嫁到福建，王安禮的孫子娶妻山東，蘇東坡的兒子娶了歐陽修的孫女，范雍的女兒嫁給韓億的兒子，除了因為雙方長輩友誼深厚，還因為雙方家庭門當戶對。您看，王安石是宰相，他的親家吳充也是宰相；蘇東坡是文豪，他的親家歐陽修也是文豪。宰相的女兒嫁給宰相的兒子，文豪的兒子娶了文豪的孫女，可不正是門當戶對嗎？

門當戶對又分兩種情況，一種是現在門當戶對，另一種是將來門當戶對。南宋周煇《清波雜誌》有云：「擇婿但取寒士，度其後必貴，方名為知人。」選女婿應該選那種出身貧困但是才華出眾的有為青年，他們現在很窮，但是將來必成大器。換句話說，現在不能門當戶對，但是將來可以。就像一支擁有升值潛力的股票，別人不敢問津，你看準了，別猶豫，趕緊逢低買進。

問題是，你怎麼知道逢低買進的女婿一定擁有升值潛力，而不是一支雞蛋水餃股呢？宋朝人的辦法

是看榜，看科舉考試的榜單。

宋朝每兩、三年就有一次進士考試，取中的名單會在春天公布，謂之「放榜」。放榜那天一大早，達官貴室坐著馬車前去看榜，從榜單中挑選名次靠前的進士做女婿。蘇東坡詩曰：「囊空不辦行春馬，眼眩行看擇婿車。」王安石詩曰：「卻憶金明池上路，紅裙爭看綠衣郎。」一輛輛擇婿的馬車雲集在榜單之下，一群群待嫁的仕女站立在大道兩旁，等著新科進士從路上經過。這些進士還沒有官銜，但是很快就會擁有官銜，不但一定會升值，而且升值空間巨大，此時不逢低買進，更待何時？

宋真宗景德二年（一〇〇五年），名叫高清的青年中了進士，當即被宰相寇準「捉」到府上，將侄女嫁給了他。宋仁宗天聖八年（一〇三〇年），歐陽修和王拱辰同時登第，前者考中第十四名，後者考中第一名，兩人雙雙被副宰相薛奎「捉」到府上，分別娶了薛奎的二女兒和三女兒。

前文用了一個「捉」字，並非誇大其辭。新科進士在婚姻市場上搶手得很，有些擇婿的人家搶不到，確實要用上強迫手段。按《宋史・馮京傳》，北宋大臣馮京剛考中進士那天，太師張堯佐想把女兒嫁給他，他不答應，張堯佐派人強行將其拖走，一直拖到新房裡，又強行給他換上新郎官的衣服。不過馮京寧死不屈，張堯佐沒辦法，只好眼睜睜地看著這位準新郎溜走了。

朱彧《萍洲可談》云：「本朝貴人家選婿，於科場年，擇過省士人，不問陰陽吉凶及其家世，謂之

榜下捉婿。……近歲，富商庸俗與厚藏者嫁女，亦於榜下捉婿，厚捉錢以餌士人，使之俯就。」達官顯貴從新科進士行列中「捉」女婿，富商大賈也來跟風，這是宋朝婚姻市場上的一大奇觀，時稱「榜下捉婿」。

## 榜前賭婿

榜下捉婿的競爭過於激烈，下手稍晚一些，新科進士就被別人搶完了。為了能搶到一個好女婿，有些準岳父會趕在考試成績公布前提前入市，與某個他認為可以高高得中的考生締結婚約。

宋真宗咸平四年（一〇〇一年），山東考生王曾進京赴試，宰相李沆給他相了面相，說：「此人今次不第，後亦當為公輔。」（葉夢得《石林燕語》）這孩子很可靠，就算這回考不上，下回也會金榜題名，將來準是當宰相的料。於是將女兒嫁給了王曾。李沆的眼力果然不錯，王曾果然在禮部考試中考取第一名，並在來年春天的殿試中再次奪冠，成了一名狀元。

宋真宗景德四年（一〇〇七年），浙江考生杜衍進京赴試。他是個苦孩子，幼年喪父，母親改嫁，繼父虐待他，兩個異母兄弟欺負他，他被迫離家出走，流落到河南，靠販賣書籍為生，一邊賣書，一邊苦讀。早在他參加科考之前，河南一位富人就認定他器宇不凡，收他做了倒插門女婿，並資助他讀書趕

考。果不其然，杜衍在一〇〇七年順利通過禮部考試，然後在一〇〇八年考中了進士。

宋朝歷史上，王曾和杜衍都是鼎鼎大名的人物，靠著個人的才華和努力在官場之上平步青雲，後來都做了宰相。而他們的岳父在得中之前就「妻之以女」，眼光和見識也是相當了不起。

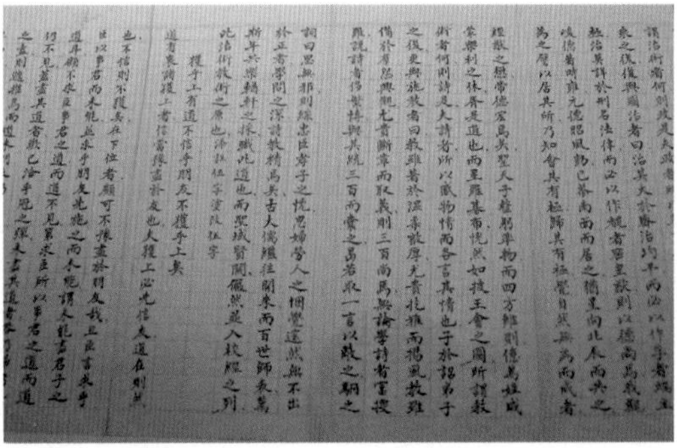

宋朝進士考試的錄取率並不高，據北宋大臣上官均〈上哲宗乞清入仕之源〉一文描述：「今科舉之士雖以文章為業，而所習皆治民之說，選於十數萬之中而取其三二百，使之治民，理或可也。」從地方科考到中央科考，從州試、省試再到殿試，十幾萬考生前仆後繼，最終取中的只有二、三百名而已。錄取率如此之低，考生們除了要拚成績，還要拚運氣。那些在放榜之前就與考生締結婚約的岳父和準岳父們也是如此，除了拚眼光，更要賭運氣，別人榜下擇婿，他們榜前賭婿，關鍵是一個「賭」字。

▲考生參加科考時，由謄抄人員謄錄的試卷，現藏於北京市科舉匾額博物館

榜下擇婿競爭多，榜前賭婿風險大，都不如榜前約婿穩妥。所謂榜前約婿，是指在考試前與心儀的考生訂下合約：如果考中，那就成婚；萬一落第，給我走人。

南宋志怪小說集《夷堅甲志》中講了一個榜前約婿的故事：

宋孝宗淳熙七年（一一八〇年），福州人黃生去臨安考進士，安徽人王生也去臨安考進士，王生年長，黃生年少，兩人結為忘年之交。王生與黃生約定：「君若登科，當以息女奉箕帚。」你要是考上了，我把女兒嫁給你。黃生知道王生家裡有錢，早就盼著做王家的女婿了，於是抖擻精神去應考，「明年果中選，遂為王婿，得奩具五百萬。」第二年果然考中，成了王生的女婿，得到了五百萬文的豐厚陪嫁。

## 宋朝姑娘出嫁難

王生嫁女兒，陪嫁五百萬，一是因為他家有錢，出得起這個錢；二是因為黃生中了進士，值這個價；三是因為宋朝流行厚嫁之風，陪送的嫁妝愈多，女兒在婆家愈有地位。

在我的老家豫東農村，男多女少，資源緊缺，嫁女兒倒很容易，娶媳婦卻很困難。俗話說得好：沒有嫁不出去的姑娘。不管女兒長得是沉魚落雁還是鬼頭蛤蟆眼，哪怕有些殘疾、有些智障，只要到了出嫁年齡，都會有成群結隊的媒人上門提親。男孩可就苦了，但凡文化程度低、手藝沒學好、出門打工掙不了大錢、父母又不是生意人或者地方官員的小夥子，都免不了要為婚事發愁。即使那些有文化、有手藝的農村小夥子，娶個老婆也不是那麼容易，因為娶老婆得拿彩禮，而這幾年的彩禮是愈來愈重。比如在我們村裡，訂親時要不掏出十萬元人民幣（約四十五萬新臺幣）以上的紅包，女方以及女方的父母肯

定是不會答應的。女方倒不用花多少錢，過門時帶過去一張大床、一臺電視、一輛電動三輪車，以及紅漆馬桶和梳妝檯，所有嫁妝捆一塊兒，二萬塊錢（約九萬新臺幣）以內搞定。

宋朝的情形完全相反，容我舉幾個例子。

第一個例子：范仲淹的族規。范仲淹是北宋名臣，做過大官，積攢了不少錢，他發家以後，一個人把叔叔、爺爺、堂叔、堂伯、兄弟、堂兄、堂弟總之整個家族全養了起來，家族裡不管誰家辦紅白喜事，都是由范仲淹出錢資助。為了做到不偏不向，他定了個規矩：凡是族裡男孩娶親，按照二十貫的標準送彩禮；凡是族裡女孩出嫁，按照三十貫的標準辦嫁妝。很明顯，給女孩辦嫁妝的錢要比給男孩送彩禮多一些。

第二個例子：蘇轍嫁女。宋徽宗初年，蘇轍的女兒要出嫁，為了給女兒籌辦嫁妝，蘇轍特地賣掉了在開封近郊購置的一塊田地，賣了九千四百貫，全讓女兒帶進了婆家。此時已是北宋後期，通貨膨脹，貨幣貶值，但是一貫的購買力仍然相當於現在臺幣一千三百多塊。九千四百貫相當於現在多少錢？超過臺幣一千萬！蘇轍在日記裡說，他是「破家嫁女」。換言之，為了給女兒辦嫁妝，幾乎傾家蕩產。

第三個例子：袁采的忠告。袁采是南宋人，做過縣官，處理過很多涉及婚姻的民事糾紛。袁采說，一個平民家庭如果不是特別有錢，必須在女兒很小的時候就為其嫁妝做好打算。換句話說，你得早點兒

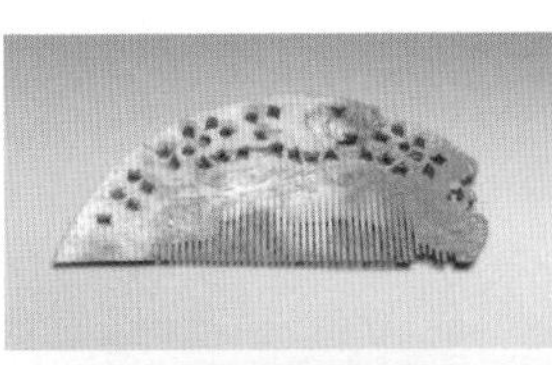

▲上：（宋、金、元）象牙梳，現藏於臺北國立故宮博物院
下：（宋）雙龍紋菱花銅鏡，現藏於臺北國立故宮博物院

開始攢錢，不能等到女兒該出嫁了，才發現存款不足，置辦不到像樣的嫁妝，而不得不賣地、賣房。但是袁采沒說要在兒子很小的時候就為其彩禮做準備，說明和女孩出嫁比起來，男孩娶親並不會給父母帶來很大的經濟負擔。

平心而論，范仲淹是有錢人，他給族裡制定的嫁妝標準應該比普通百姓的標準高，蘇轍也是有錢人，平民百姓肯定也不會像他那樣拿出上千萬來嫁女兒。但即便如此，還是有很多平民家庭置辦不起嫁妝，不得不讓女兒一直在家待嫁。例如南宋初年，四川華成縣令侯可調查發現，他的治下竟然有幾百個未婚老姑娘。這幫老姑娘之所以嫁不出去，不是因為長得醜，而是因為「娶婦必責財於女氏，貧女有至老不得嫁者」（程顥〈華陰侯先生墓誌銘〉），男方父母一定要讓女方拿出豐厚的嫁妝，窮人拿不出來，所以他們的女兒嫁不出去。

## 秦檜夫婦的婚前公證

宋朝為什麼刮起一股厚嫁風呢？我講一個故事您就明白了。

遙想當年，金兵攻宋，秦檜和他老婆一起被金兵綁走，在金國住了一段時間，又跟隨金軍將領完顏昌返回大宋。回去的路上，秦檜和老婆吵了一架，老婆很生氣，指著他的鼻子說：「我家翁父使我嫁汝時，有貲貨二十萬貫，欲使我與汝同甘苦，盡此平生。今大金國以汝為任用，而乃棄我於途中耶？」（《三朝北盟會編》卷一四二）我嫁到你們秦家，那可是明媒正娶，光嫁妝就值二十萬貫，有什麼對不起你的？現在金國人派你做一個小小參謀，你竟然把我丟在半路上，快摸摸你的良心是不是讓狗吃了？秦檜聽了這頓罵，頓時啞口無言，乖乖地帶著老婆繼續往前走。

秦檜的老婆姓王，芳名暫不可考，姑且叫她王女士吧。王女士有來頭，她的爺爺王珪當過宰相，她的姑表姐就是大名鼎鼎的女詞人李清照。可是她和秦檜吵架時，這些來頭一概不提，只說自己的嫁妝。

她的嫁妝值多少錢呢？銅錢二十萬貫。查秦檜年譜，他在宋徽宗政和五年

▲此圖描繪清朝婚俗，宋朝與此相仿

（一一一五年）迎娶王氏，按照該年度銅錢在開封地區的綜合購買力，銅錢一貫約等於臺幣五百八十元（由於蔡京鑄造大錢，致使通貨膨脹加劇，銅錢嚴重貶值，徽宗初年一貫銅錢相當於臺幣上千元，至秦檜娶妻時，一貫銅錢僅相當於臺幣五百多元），二十萬貫就是一億一千五百萬元。陪嫁如此驚人，王女士當然有資格指著秦檜的鼻子大罵了。

婦女帶到婆家的嫁妝愈多，在公婆和丈夫面前就愈有發言權，馬克思理論之「經濟基礎決定上層建築」，在宋朝婦女的婚姻生活中得到了完美體現。按照大宋律條及社會習俗，婦女是有財產權的，但僅限於她的嫁妝。也就是說，對於婚姻存續期間的財產，妻子不能與丈夫平分，她只能支配自己的嫁妝。她過門時陪嫁的衣服、首飾、家具、房契、田契乃至丫鬟和女傭，其公婆、丈夫以及丈夫的族人，任何人不得以任何理由動用。

根據《名公書判清明集》中收錄的離婚案例，女方在追討自己的陪嫁時，一般都能得到官方的支持，除非她在離婚前犯有大過，例如通姦和不孝。如果她與丈夫合法離婚，是可以將這些陪嫁全部帶走的，而對於婆家來說自然是一筆不小的損失。為了財產，有腦子的公婆決不會輕易虐待兒媳，可是如果陪嫁太少，或者像《竇娥冤》裡的竇娥那樣僅僅是一個童養媳，根本沒有嫁妝，那在婆家的地位就要一落千丈了。

為了女兒婚姻生活的安全和幸福，父母給女兒辦嫁妝時一定不惜血本，並在婚書「定帖」後面列一張密密麻麻的財產清單，註明陪嫁了多少首飾、多少衣服、多少房子、多少土地。過門之後，新娘子為了自己的嫁妝不被婆家染指和瓜分，可能還會要求婆家人去祖廟裡發個聲明，向歷代祖先講清楚自己帶來了哪些東西，而且這些東西是非經自己同意不能動用的。總而言之，為了保護已婚婦女僅有的那點財產權以及財產權所帶來的家庭地位，不光得有婚前公證，還得有婚後宣誓。

我估計，李清照的姑表妹王女士在和秦檜結婚之前，應該也曾為她的嫁妝做過公證，而在婚後漫長的夫妻鬥嘴生涯裡，她大概不止一次拿出過這個公證，展示那二十萬貫嫁妝，以此來證明她的合法身分，證明她理應得到丈夫的尊重。這個場景看上去很惡俗，仔細想卻很心酸。

## 新娘下花轎

話說宋朝姑娘真是受委屈，陪了那麼多嫁妝，到了出嫁那天，居然還要給迎親隊伍發紅包。

話本《快嘴李翠蓮記》刻畫了迎親隊伍討紅包的場景：

翠蓮祝罷，只聽得門前鼓樂喧天，笙歌聒耳，娶親車馬來到門首。張宅先生念詩曰：「高卷珠簾掛玉鉤，香車寶馬到門頭。花紅利市多多賞，富貴榮華過百秋。」

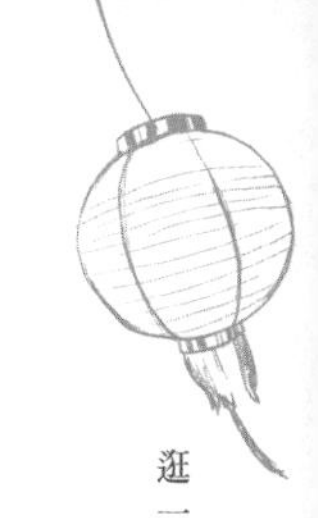



李員外便叫媽媽將鈔來，賞賜先生和媒媽媽，並車馬一干人。只見媽媽拿出鈔來，翠蓮接過手，便道：「等我分！」

「爹不慣，娘不慣，哥哥、嫂嫂也不慣。眾人都來面前站，合多合少等我散。抬轎的合五貫，先生、媒人兩貫半。收好些，休嚷亂，掉下了時休埋怨！這裡多得一貫文，與你這媒人婆買個燒餅，到家哄你呆老漢。」

迎親隊伍來到家門口，男方的儐相先念詩：「高卷珠簾掛玉鉤，香車寶馬到門頭。花紅利市多多賞，富貴榮華過百秋。」花紅利市就是紅包，儐相、媒婆、抬轎的，人人有分。誰來發給他們呢？新娘一方。新娘李翠蓮是北宋首都開封府人氏，性情潑辣，嘴皮子利索，一把從父母手裡接過錢，親自派發：轎夫發五貫，儐相二貫半，媒婆本來和儐相同等待遇，李翠蓮多給她一貫。

好在新郎一方也不能躲清閒。花轎抬到新郎家時，司儀、樂隊和端茶倒酒的執事會在大門口攔住轎子，不讓新娘進來，必須等到男方給他們發了紅包才放行。《夢粱錄》載：「迎至男家門首，時辰將正，樂官、妓女及茶酒等人互念詩詞，攔門求利市。」新郎見狀，趕忙請人代念〈答攔門詩〉：「從來君子不懷金，此意追尋意轉深。欲望諸親聊闊略，毋煩介紹久勞心。」（《事林廣記》前集卷十〈婚禮總敘〉）一邊念詩，一邊散發紅包，一邊將穀子、豆子、糖果、銅錢撒到門外，讓圍觀的小朋友爭搶。

新娘過門，新郎撒豆穀，見於宋人高承編寫的《事物紀原》。據說成婚當天，門口會有三煞攔阻新娘。哪三煞？烏雞、青羊、青牛，三種動物變成的神煞。雞吃五穀，牛、羊吃草，漢、唐古人娶親，撒的是穀物和草料。穀物尚可，草料就太寒酸了，所以宋人改撒豆穀、糖果和銅錢，就像現在婚禮上撒喜糖一樣。

新娘花轎抬進門，儐相念詩，執事放鞭炮，吹鼓手滴滴答答奏起曲子，媒婆攙扶新娘下轎。按照北宋時中原地區的風俗，新娘雙腳不能沾地，要踩著青色的地毯（不是紅地毯哦）走進新房，坐在床上，等待婚禮儀式的到來。姑嫂、小孩和鄰居老太太湧進新房圍觀，指手畫腳品評新娘的坐姿。但是她們看不到新娘的長相，因為新娘的頭臉一直被紅蓋頭蒙著，等到拜過天地以後才會被新郎揭開。

拜天地沒什麼可說的，無非是新郎、新娘披紅掛彩，手裡挽著同心結，在男女儐相的引導下，一拜家廟，二拜高堂，夫妻交拜，送入洞房。拜家廟的時候，為了表示對列祖列宗的尊重，女儐相會用一根秤桿輕輕挑起新娘的蓋頭，讓死去已久的祖宗們得以瞧見新

▲拜天地，選自王弘力《中國古代風俗百圖》

媳婦的面容。

拜完天地，新娘在新房裡等著，新郎要出來答謝賓客，參加婚宴，向長輩、親友和女方賓客敬酒。歐陽修《歸田錄》提到一個非常好玩的風俗：「當婚之夕，以兩椅相背，置一馬鞍，反令婿坐其上，飲以三爵，女家遣人三請而後下，乃成婚禮，謂之上高座。」婚宴上的新郎座位很特別，是兩張背靠背的椅子，上面搭一張馬鞍，讓新郎跨坐在馬鞍上喝三杯酒，喝完了還要經過女方賓客的三次邀請，新郎才可以下來。

馬鞍平搭在椅背上，寓意「平安」；新郎高高地跨在椅背上，寓意「高升」。事實上，寓意並不重要，重要的是好玩、熱鬧，大夥捉弄捉弄新郎，婚宴氣氛會變得很活躍、很喜慶。這和現代婚禮上司儀提一根細線，線尾拴一個蘋果，讓新郎、新娘一起去咬，所產生的作用完全相同。

婚宴繼續進行，新郎提前告退，去新房裡與新娘共寢。按照慣例，共寢之前還要飲交杯酒：新郎一只酒杯，新娘一只酒杯，兩只酒杯用彩線連著，夫妻對飲一杯，然後交換酒杯，再對飲兩杯。《東京夢華錄》載：「飲訖（交杯酒），擲盞並花冠於床下，盞一仰一合，俗云大吉。」喝完交杯酒，將鳳冠和酒杯扔到床下，如果兩只酒杯一個口朝上，一個口朝下，說明大吉大利，男的不劈腿，女的不出軌，一生恩愛，白頭偕老。

# 第五章　交際

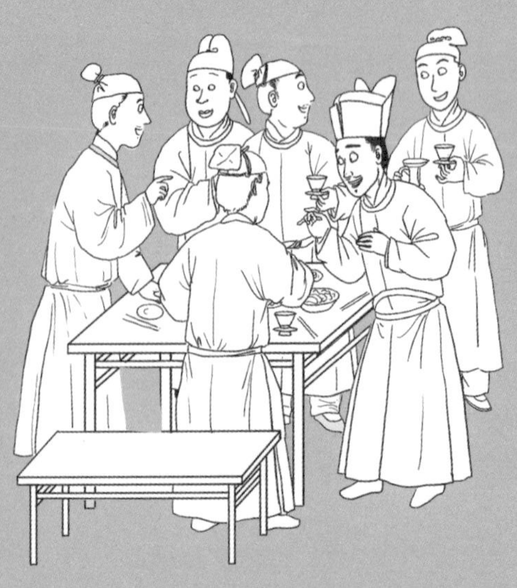

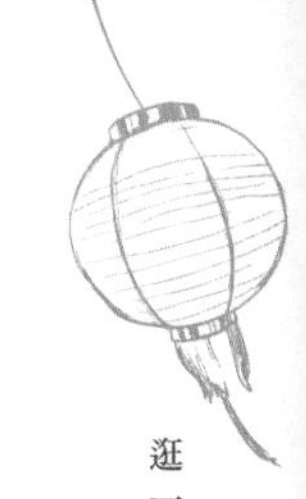



## 宋朝的名片

大家知道，我叫李開周，因為這個名字，剛出道時常被人誤會，以為我是李開復的弟弟。我們都姓李，都是開字輩，一個開周，一個開復，周而復始，瞧著確實挺像兄弟的。

宋朝有一個李清臣，他的名字也曾被人誤會——後世一些人總以為他是李清照的弟弟。其實他比李清照大得多，和李清照沒有任何親戚關係。

李清照是山東人，李清臣是河北人。李清照生於一〇八四年，李清臣生於一〇三二年。李清照的父親李格非是蘇東坡的門生，說起來她要算蘇東坡的孫女輩，而李清臣則和蘇東坡年齡相近，輩分相同，也曾像蘇東坡一樣拜在歐陽修的門下。目前沒有任何史料能證明李清照見過李清臣，如果見過的話，她應該喊人家一聲爺爺。

李清照當然不簡單，不過李清臣也是一個非常了不起的人物。他七歲讀書，八歲開始寫文章，在河北老家是遠近聞名的神童。到了十七、八歲，學有所成，離開書齋，單槍匹馬遊歷河北，到處拜訪高人異士，像盛唐詩人那樣，一邊壯遊，一邊增廣見聞，一邊向文壇大師和當朝大佬推銷自己。

宋人筆記《青瑣高議》記載了李清臣遊歷期間發生的一段軼聞。

說是宋仁宗在位時，大臣韓琦以安撫使身分鎮守河北定州，獨攬軍政與民政。李清臣對韓琦慕名已久，很想拜見，但他覺得自己一介平民，不可能被接見，所以先去拜訪韓琦的公子。

到了韓公子居住的地方，李清臣遞上名片，守門人說：「我家公子正睡覺呢，不見客。」李清臣就向守門人借了一支筆，在名片上寫了一首詩，托守門人轉交給韓公子，然後轉身走了。

他的詩是這麼寫的：

公子乘閒臥絳廚，白衣老吏慢寒儒。
不知夢見周公否，曾說當時吐哺無？

這首詩用了一個典故：周公吐哺。傳說西周賢臣周公禮賢下士，愛重人才，吃飯的時候聽說人才來訪，趕緊把嘴裡的飯吐出來，急急忙忙跑出去迎接。李清臣引用這個典故是諷勸韓公子向周公學習，不要老是白天睡大覺，讓守門的小吏慢待賓客。

其實守門的小吏並沒有慢待賓客，雖說李清臣沒有塞紅包，但人家還是老老實實把名片轉交給了韓公子。韓公子讀完名片上的詩，認為李清臣很有才，又把這張名片轉交給了父親韓琦。韓琦一看名片就說：「吾知此人久矣！」原來是李清臣啊，我們河北的神童嘛！我早就聽說他的名字了，有機會要見見他。

果不其然，韓琦後來接見了李清臣，還把侄女嫁給了他。

李清臣的故事並不重要，重要的是故事裡出現了一張名片，宋朝人的名片。

名片在宋朝有兩種材質。一種是用木頭刻的，寬四、五寸，長七、八寸，厚約一分[1]，用鉋子刮得溜光水滑，正中間豎刻名字、籍貫和官銜（如果有的話），填以黑漆或者紅漆；一種是紙質名片，用那種很厚很硬的紙張，裁成長方形，或紅底黑字，或白底黑字，從右至左豎行填寫姓名、籍貫和官銜，上面留出一大片空白，用來書寫對拜見對象的敬稱和敬辭。李清臣在名片上寫詩，應該就是寫在名片上方的空白處。

宋朝人還沒有「名片」這種叫法，他們管名片叫「名刺」，簡稱為「刺」。宋代的名刺當然比現在的名片大得多，其用途也比現在的名片廣泛得多。現在我們給人家遞名片，主要是用來自我介紹，如果和對方很熟，那就用不著遞名片了。可是宋朝在讀書人之間、在士大夫階層、在所有吃財政飯的文官武將群體當中，特別是在下級參見上級的時候，無論熟與不熟，都要遞上名片，否則會顯得不恭敬。也就是說，宋朝人的名片除了有自我介紹的作用，還有表達敬意的作用。這種風俗不僅在宋朝盛行，在此前的唐朝以及此後的元、明、清等朝也是如此。明、清之時，士大夫拜年，人到不到無所謂，名片必須遞到對方府上，交際廣泛者一天要遞幾百張名片，自己忙不過來，還要雇人代勞，挨家挨戶一一分送，時

稱「沿門投刺」。

古人用的名片普遍大一些，因為毛筆字的字畫太粗，要寫的敬辭和官銜又太多，名片小了寫不下。一般來說，官銜愈多的人用的名片愈大。唐朝有一位武將程知節，也就是《隋唐演義》中那位混世魔王程咬金，按照清代筆記《嘯亭續錄》的記載，他用的名片「長可七尺」。唐代官尺長三十公分，七尺就是兩公尺多，如此巨大的名片，拜客時得讓兩個親兵抬著，想起來也是蠻拉風的。

## 大宋同學會

北宋中葉，四川眉山有位道士，早年在衙門做小吏，後來出了家，出家以後也不住道觀，跑到漢州（今天四川廣漢）投奔市長吳師道，在吳市長的包養下存神煉氣、修合丹藥。某年春節，這位道士向吳市長辭行，臨走要了一筆錢，自己不花，全部散給了窮人，然後在漢州府衙大門口一坐，當場坐化了。

那天是大年初一，衙門口有具屍體總不像話，吳市長吩咐手下把屍體弄走。手下人一邊背屍體，一邊嘟嘟囔囔地說：「這個道士真討厭，死哪兒不行，非要死在我們衙門口，大過年的讓我背死人，晦氣！」正抱怨呢，道士突然睜開眼睛，對他笑道：「你別罵了，我自己走。」說完健步如飛走到化人場，

1 中國傳統長度單位：十分為一寸，十寸為一尺，十尺為一丈。

再一次坐化了。

上述故事聽起來很荒誕，但不是我瞎編的，它出自蘇東坡的文章。故事裡的神奇道士不是旁人，正是蘇東坡一起長大的朋友兼同學，名叫陳太初。

蘇東坡七歲開蒙，八歲上小學，學校地址在眉山天慶觀北極院，校長是一位道士，學生大概在百人左右，陳太初就是其中之一。在這所學校裡，蘇東坡總共讀了三年，但他能記住的同學只有陳太初一個。之所以能記住陳太初，不是因為兩人畢業後有交往，只因蘇東坡中晚年崇信道教，當他聽到從家鄉傳來陳太初坐化的小道消息之時，忍不住頂禮膜拜，膜拜完才想起來：咦，這是我的小學同學啊！

▲（宋）劉松年《溪亭客話圖》，現藏於臺北國立故宮博物院

蘇東坡於宋仁宗嘉祐二年（一〇五七年）中進士，那一年同時考中的進士共有三百八十八人，後來這三百八十八名進士當中，至少有一半成了東坡的常客。也就是說，蘇東坡雖然沒有聯繫過小學同學，

但是和他的同年進士卻一直保持著交往。輕同窗而重同年，這是宋朝士大夫階層的普遍傾向。

南宋田園詩人范成大說：「進士科始於隋，盛於唐，本朝因之，偕升者謂之同年。衣冠之好，由來尚矣，……通榜之士，意氣相予。」（范成大〈姑蘇同年會詩序〉）進士一科在隋朝開設，在唐朝興盛，在宋朝得以延續，一起考中進士者，互相稱為「同年」。同年之間的友好交往由來已久，只要你我同榜，終生意氣相投。

宋朝的同年並不等於現在的同學，但是關係卻比同學之間更密切，也更持久。現在的大學生在一起生活三到四年，個別男女同學還有可能戀愛同居，甚至結成夫妻，而宋朝的同年進士只不過是在省試和殿試期間同時考試那麼幾天而已，一旦取中，或留任京師，或出任地方，從此天各一方，到死也未必能見上一面，其深厚友誼是怎麼形成的呢？

最直接的原因是一場「期集」，也就是

▲（北宋）武宗元《朝元仙仗圖》（局部），絹本墨筆，圖中所繪乃道教諸神朝謁元始天尊時的情景，係旅美收藏家王季遷先生藏品

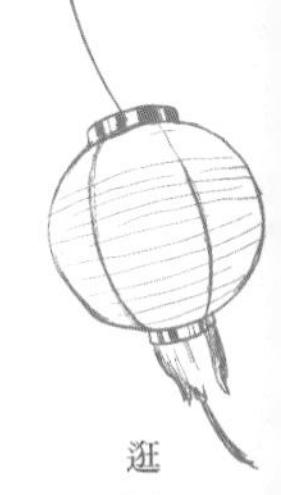



我們現在常說的聚會。

按宋朝慣例，進士及第後第一件事不是回鄉光宗耀祖，而是召集一場全體的同學會。現在同學聚會時間很短，相聚最多一天，聚餐最多幾頓，完了各回各家。宋朝新科進士聚會則不然，那叫一個曠日持久：從殿試結束開始，到皇帝親賜聞喜宴結束，這期間每天一小聚，五天一大聚，每次聚會都要聚餐，往往聚上二、三十天才算完。

幹嘛要聚這麼長時間呢？因為要把同學錄給印出來。宋朝每隔兩、三年搞一次殿試，每次平均錄取三百多名進士，這三百多個人的姓名、名次、籍貫、相貌特徵、祖上三代都要編進同學錄，所以要花上幾天時間來仔細統計。統計完了還要謄寫，謄寫完了還要付梓排印，那時候又沒有雷射排版，全靠工匠雕版。光刻版就得十天吧？刻完版還要印吧？印完還要裝訂吧？裝訂完還要分送給所有進士

吧？於是花的時間就長了。

新科進士如此曠日持久地聚會，所需費用是相當驚人的。宋朝皇帝厚待士人，從神宗時開始撥付專款：「詔賜進士及第錢三千緡，諸科七百緡，為期集費。」（《燕翼詒謀錄》卷五）賜給進士們三千貫，賜給諸科（宋朝科舉除了進士科，還有明經、明法等科）七百貫，專供大家聚會。由於人數太多，會期太長，朝廷撥付的專款不夠用，同學們還要集資，按成績排名出錢，譬如狀元出三萬，榜眼出兩萬，探花出一萬，其餘出幾千到幾百不等。

同學聚會，沒有強制，想省錢，可以不參加，但是宋朝進士們都爭著參加，哪怕借錢集資也要去。為啥呢？「同年期集，交誼日厚，它日仕途相遇，便為傾蓋，意為異日請託之地。」（《儒林雜錄•期集》）同年進士本來沒有感情，經過長期聚會，成天在一塊兒喝大酒，那份兄弟情誼就產生了，它年官場升遷，可以互相照顧。

## 在宋朝自由結社

《醒世恆言》裡面有一篇〈鄭節使立功神臂弓〉，開頭寫道：

張員外退去金銀鋪中坐地……只聽得街上鑼聲響，一個小節級同個茶酒，把著團書來請張員外團社。

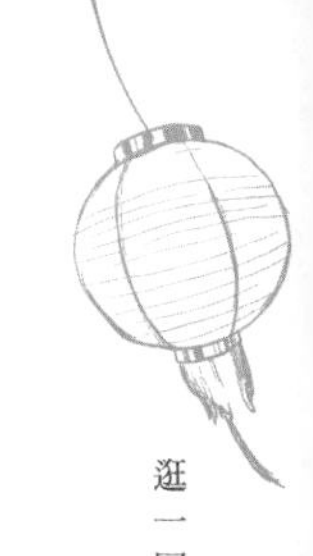

原來大張員外在日，起這個社會，朋友十人，近來死了一、兩人，不成社會。如今這幾位小員外，學前輩做作，約十個朋友起社，卻是二月半便來團社。

《醒世恆言》是明朝人馮夢龍改編的小說集，主要取材於唐傳奇和宋話本，而這篇〈鄭節使立功神臂弓〉的故事，其實是宋朝說書人的話本，名曰〈紅白蜘蛛〉，被馮夢龍稍作改編，寫進了《醒世恆言》。

整個帝制時代，應該說宋朝是自由化程度最高的，宋朝政府壓在平民身上的賦稅和徭役負擔雖然沉重，卻在人身權利上給平民鬆了綁，不但允許自由流動，而且允許自由結社和自由集會。所以，宋朝的

▲（宋）錢選《盧仝烹茶圖》，現藏於臺北國立故宮博物院

▲表現宋朝說書人的現代泥塑，攝於河北唐山麻龍灣《清明上河圖》泥塑園

民間社團非常發達。

據宋人筆記《武林舊事》和《齊東野語》記載，南宋杭州活躍著五花八門的民間社團，包括：

科舉考生為主要成員的「同文社」、習武之士為主要成員的「射弓踢弩社」、相撲運動員為主要成員的「角社」、蹴鞠運動員為主要成員的「齊雲社」、雜劇演員為主要成員的「緋綠社」、說書人為主要成員的「雄辯社」、皮影戲演員為主要成員的「繪革社」、傀儡戲演員為主要成員的「傀儡社」、理髮師為主要成員的「梳剃社」、建築師

▲（北宋）藍色磨花高頸玻璃舍利瓶，一九六六年浙江溫州慧光塔出土，現藏於浙江省博物館

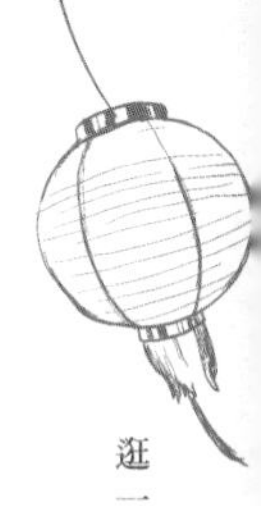



為主要成員的「臺閣社」、園藝師為主要成員的「奇花社」、刺青愛好者為主要成員的「錦繡社」、弓箭愛好者為主要成員的「錦標社」……

此外還有淨土宗信徒發起的「蓮社」和「淨業會」，道教信徒發起的「靈寶會」和「真武會」。甚至還有闊太太和富家小姐們發起的明為供佛實為比闊的「鬥寶會」，以及由妓女發起的類似行業協會性質的「翠錦社」。

毫不誇張地說，假如我們生在宋朝，無論地位是高是低，無論財富是多是少，無論從事什麼工作，無論有何種興趣愛好，差不多都能找到屬於自己的社團。

〈鄭節使立功神臂弓〉裡的張員外參加的是什麼社團呢？根據故事後面的情節，張員外和其他社團成員總是在每年農曆二月十五那天聚一次會，喝喝酒、說說話、出門集體春遊而已。由此推想，他們這個社團是純為娛樂而設的，沒有職業上的交流，更沒有政治上的訴求。

張員外他們很幸運，有幸生在宋朝，沒有生在清朝。清朝是異族統治的朝代，滿清統治者怕漢人聯合起來鬧事，對於民間結社和集會，通常嚴厲禁止。

《大清律例》寫得很清楚：

凡異姓人，但有歃血定盟，焚表結拜弟兄者，照謀叛未行律，為首者擬絞監候，為從減一等。……

其無歃血盟誓焚表情事，止序齒結拜弟兄，不及二十人，為首者杖一百，枷號兩個月，為從各減一等。

不許民間結拜兄弟，凡是查出有歃血盟誓的，哪怕沒有政治訴求，也要按「謀反未遂」論處，領頭結社的判死緩，其餘成員判無期徒刑。假如僅僅結為異姓兄弟，沒有歃血盟誓，結拜人數不到二十人，尚可從輕論處。所謂「從輕論處」，即領頭結拜者打一百大板，枷號兩個月，其餘成員打九十大板，枷號一個月。

張員外他們結成十兄弟，如果按大清律處罰的話，每個人的屁股上都少不了挨一頓板子。打板子還算客氣，要是《三國演義》裡劉、關、張他們三人活在清朝，劉備恐怕會被判成死緩，關羽和張飛則會被判成無期。因為他們不但結拜，還歃了血，盟了誓，而且有政治訴求。熟悉中國歷史的朋友都知道，歷代統治者最忌諱的，就是民間組織有政治訴求。

## 宋朝也有明教

前面說，歷代統治者都忌諱民間組織有政治訴求，宋朝統治者當然也不例外。

不知道大家有沒有看過金庸的《倚天屠龍記》，這是一部以元朝末年為時代背景的武俠小說，男主角叫張無忌，身為明教教主，統領百萬教徒，與朱元璋、常遇春、徐達等人起兵抗元，將蒙古人趕回漠北，

建立了明朝。

元朝末年，明教確實興盛，但是有些朋友未必知道，明教在宋朝就已經很興盛了。

陸游〈條對狀〉云：

閩中有習左道者，謂之明教。亦有《明教經》，甚多刻板摹印，妄取道藏中校定官名銜贅其後。燒必乳香，食必紅蕈，故二物皆翔貴。至有士人宗子輩，眾中自言：「今日赴明教齋。」予常詰之：「此魔也，奈何與之遊？」則對曰：「不然，男女無別者為魔，男女不親授者為明教。明教，婦女所作食則不食。」然嘗得所謂《明教經》觀之，誕謾無可取，真俚俗習妖妄之所為耳。又或指某士大夫家曰：「此亦明教也。」

陸游生活在南宋前期，在福建親眼見到了明教徒，還讀到了明教印刷的經書。

陸游說，明教徒的生活習慣比較獨特，男女授受不親，男人不吃女人做的飯，燒香一定要燒昂貴的乳香，吃飯一定要吃紅色的蘑菇。由於信奉明教的人很多，乳香和蘑菇的需求量很大，所以它們的價格一路飆升。

▲明教崇拜的光明佛，現存於福建省晉江市羅山鄉蘇內村草庵寺的明教遺址

陸游還說，明教在福建影響很大，信徒很廣，不僅僅是升斗小民信奉，某些讀書人（士人）和皇族子孫（宗子）都加入了明教。

陸游又寫道：

此色人處處有之，淮南謂之「二襘子」，兩浙謂之「牟尼教」，江東謂之「四果」，江西謂之「金剛禪」，福建謂之「明教」、「揭諦齋」之類，名號不一，明教尤甚。至有秀才、吏人、軍兵亦相傳習。其神號曰「明使」，又有「肉佛」、「骨佛」、「血佛」等號。白衣烏帽，所在成社，偽經妖像，至於刻板流布。

明教的傳播範圍並不局限於福建一地，在安徽（淮南）、浙江（兩浙）、江蘇（江東）、江西，都有明教或者類似於明教的教派。各地教派以明教為首，徒眾們穿著白色的衣服，戴著黑色的帽子，公開印刷他們所信從的教義，公開供奉他們所尊崇的神像。各地的明教徒私相結社，暗流湧動，連秀才、官吏和軍人都裹挾其中。

與陸游同一時代，有個官員名叫張守，在寫給宋高宗的奏章〈措置魔賊箚子〉中，描述了明教的幾個特徵：

第一，教徒只吃素，不動葷腥；

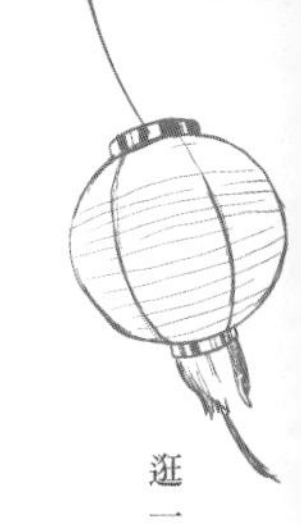



第二，所拜神佛面目猙獰，如同魔鬼；

第三，參與者以山野貧民為主，但人數眾多，「連鄉接村，動至千百」；

第四，各地教徒均在夜間聚會、祭拜、燒香、吃齋，天明即散。

因為明教吃素拜魔，南宋官府通常稱其為「吃菜事魔教」，簡稱「魔教」。《倚天屠龍記》中，江湖六大派與明教談和之前，也是稱明教為魔教，其實這個稱呼在南宋就有了。

南宋時期，佛教和道教早已發展得相當成熟，是朝廷認可的兩大傳統教派。明教則很晚才從漠北傳入（明教發源於波斯，先傳入新疆，再傳入漠北，大約在唐代宗時傳入內地），作為一個後生晚輩，它有什麼實力能橫插一槓，在佛、道兩教的夾縫中異軍突起，並且收穫大批信徒呢？

一一三四年，南宋官員王居正分析了明教之所以吸引信徒的兩大優勢：

凡事魔者不肉食，而一家有事，同黨之人皆出力以相賑恤。蓋不肉食則費省，故易足。同黨則相親，相親故相恤而事易濟。

第一，明教吃素，不吃肉，可以節省生活成本；

第二，明教徒比較團結，一入明教，即為兄弟，一方有難，八方支援，經濟上遇到困難，教中兄弟可以相幫，萬一受人欺負，也可以請教中兄弟撐腰。

你看，既能省錢，又能結成勢力對抗地痞惡霸，甚至貪官汙吏，平民百姓為什麼不加入明教呢？

明教還有一項優勢，南宋初年福建地方官廖剛是這樣說的：

其徒至於千百成群，陰結死黨，犯罪則人出千錢或五百行賄，死則人執柴一枝燒焚，不用棺槨衣衾，無復喪葬祭祀之事。

我們知道，傳統中國盛行厚葬，家中長輩過世，子孫們要買墳地，要買棺槨，要看風水，要請吹鼓手，要請僧道超渡，要擺宴席招待賓客……種種花銷，開支巨大，平民百姓無力應付，賣房賣地，賣身為奴，傾家蕩產者有之，家破人亡者有之，你信佛也好，通道也罷，都擺脫不了這項負擔。現在好了，明教來了，只要加入明教，就不用再為死去的親人浪費一文錢，只要請教中兄弟到家，每人拿一火把，往死者身上一扔，燒掉了事，如此簡潔爽快的教派，憑什麼不加入？當然要加入！

說到這裡，我要補充一下，明教源於波斯，原初教義是反對火葬的，可是傳到中國以後，吸納了佛教的許多特徵，徹底本土化，不但食素、燒香，而且大搞火葬。

那麼官府對明教是什麼態度呢？

一個字：禁。

宋朝統治者不反對老百姓自由結社，但是對於明教這樣神祕而龐大的民間組織，他們相當忌諱。

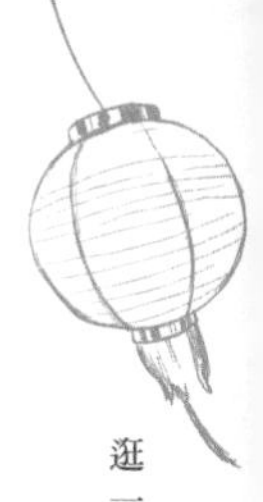



首先，明教的教義背離了儒家的禮制。儒家講孝道，孝道的表現之一就是厚葬，明教徒不但不厚葬，還像焚燒垃圾一樣焚燒屍體，在被儒家馴化了的統治者看來，這是滅絕人倫的大不孝。

其次，明教發展得太快，江浙鄉間處處有明教，福建一帶更是整村整村地加入明教。那麼多人聚在一起，還是在夜間聚會，在宗教信仰的感召之下，在團體精神的激勵之下，萬一有人圖謀不軌，煽動教眾殺官造反，再想撲滅可就難了。

事實上，宋朝還真有明教造反。

宋徽宗宣和三年（一一二一年），明教徒呂師囊在浙江臺州起事，攻占樂清，圍困溫州。

宋高宗建炎二年（一一二八年），杭州士兵陳通加入明教，與紹興教友董閏、臺州教友俞道聯手起事，發動兵變。

宋高宗紹興十四年（一一四四年），明教徒王九十二在江西上饒起事，從鄱陽縣打到金溪縣。

當然，在宋朝影響最大、讓官府最頭疼的明教徒，肯定還是方臘。北宋末年，方臘不滿宋徽宗「花石綱」的侵擾，利用明教煽動浙江百姓起來造反，十天內聚集幾萬人，三個月內攻占幾十個州縣，第二年開春就打到了杭州。《水滸傳》後半部分，宋江等人被招安，和方臘打了幾場硬仗，「霹靂火」秦明折在方臘手上，神功蓋世的武松也在攻打方臘時丟了一條胳膊，這些雖然都是小說家虛構的故事，但能

▲宋高宗時期鑄造的「紹興元寶」，現藏於臺北國立故宮博物院

在藝術上反映出明教的戰鬥力有多強。

從北宋末年到南宋初年，宋朝統治者一直要面對戰鬥力更為強大的金兵，到了宋高宗紹興十一年（一一四一年），宋、金達成和議，戰火暫時平息，終於可以騰出手來整治明教了。

宋高宗採取的方法是「抓大放小」：命令江浙與福建地方官搜捕明教首領，押送杭州，斬首示眾，對其他教眾則網開一面，只要沒有明刀明槍參與造反，教育一番，釋放回家。如果屢教不改，再敢加入明教和近似明教的祕密組織，則逐出家鄉，流放外地，以免這些人再次聚集。

南宋大儒朱熹當地方官時，發布過一張禁止參加明教的榜文：

> 禁約保伍，互相糾察事件。常切停水防火，常切覺察盜賊，常切禁止鬥爭，不得販賣私鹽，不得宰殺耕牛，不得賭博財物，不得傳習魔教。保內之人，互相覺察，知而不糾，並行坐罪。

朱熹把老百姓編成保甲，讓他們互相監督，如有人加入明教，同一保甲的其他居民必須主動到官府檢舉揭發，否則一經查出，同保居民一起治罪。

這類禁令能將明教撲滅嗎？當然不能，因為在人民稅賦沉重、官民矛盾激化、底層百姓無法透過正

常管道過上好日子的社會環境裡，明教可以提供精神上的支柱和物質上的互助。即使統治者費盡九牛二虎之力撲滅了明教，還會有白蓮教、天理教、天地會、太平天國等教派，陸陸續續地冒出來。

# 第六章　喪葬

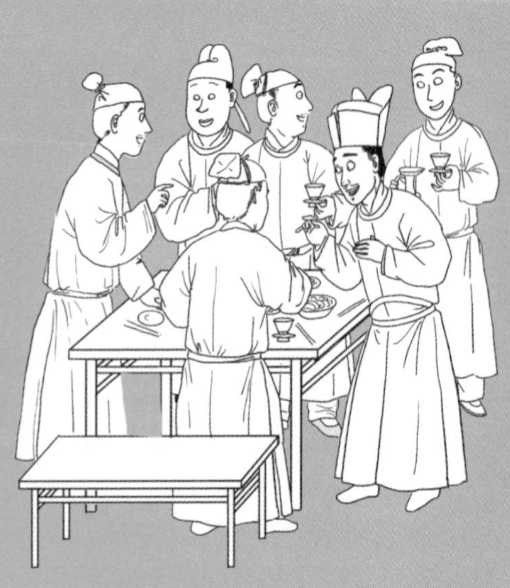

## 活死人墓

金庸先生筆下有一位絕世高手——全真派的開山祖師王重陽。

王重陽武功極高，第一次「華山論劍」，他蓋壓群雄，打敗了「東邪」黃藥師、「西毒」歐陽鋒和「北丐」洪七公。他的性格也極為古怪，很年輕的時候，竟然為自己修了一座墓！

生前修墓並不稀奇，秦始皇活著時不也修了一座阿房宮嗎？漢朝、唐朝、明朝、清朝的絕大多數皇帝活著時不也是大修陵寢嗎？但這些皇帝修墓歸修墓，並不住到墓裡去（除非駕崩以後）。王重陽的奇特之處在於，他剛把墓修好，就搬了進去，還沒死就搬了進去，並且在墓門上刻了四個大字：

▲王重陽「活死人墓」，今在陝西省西安市鄠邑區祖庵鎮

活、死、人、墓。

王重陽為啥要這樣做呢？

《神雕俠侶》第四回，他的弟子丘處機給出了解釋：

我恩師不是生來就做道士的。他少年時先學文，再練武，是一位縱橫江湖的英雄好漢，只因憤恨金兵入侵，毀我田廬，殺我百姓，曾大舉義旗，與金兵對敵，占城奪地，在中原建下了轟轟烈烈的一番事業，後來終以金兵勢盛，先師連戰連敗，將士傷亡殆盡，這才憤而出家。那時他自稱「活死人」，接連幾年，住在本山的一個古墓之中，不肯出墓門一步，意思是雖生猶死，不願與金賊共居於青天之下。

《神雕俠侶》第五回，金庸又對活死人墓的建築構造做了較為詳細的描寫：

這活死人墓雖然號稱墳墓，其實是一座極為寬敞宏大的地下倉庫。當年王重陽起事抗金之前，動用數千人力，歷時數年方始建成，在其中暗藏器甲糧草，作為山陝一帶的根本，外形築成墳墓之狀，以瞞過金人的耳目；又恐金兵終於來攻，墓中更布下無數巧妙機關，以抗外敵。義兵失敗後，他便在此隱居。是以墓內房舍眾多，通道繁複，外人入內，即是四處燈燭輝煌，亦易迷路，更不用說全無絲毫星火之光了。

也就是說，王重陽修的不是墓，而是地下倉庫，是抗金根據地，是易守難攻的地下堡壘。

後來王重陽抗金失敗，專心修道，把活死人墓讓給了他的女朋友林朝英。林朝英死後，這座墓又被林朝英的徒弟小龍女所繼承。小龍女不關心政治，活死人墓完全失去戰略意義，從此成為小龍女的住宅和練功場所……

歷史上肯定沒有小龍女，也沒有林朝英，卻有王重陽這個人。

王重陽是陝西人，他出生時，陝西已經是金國統轄的地盤了。他參加過金國的科舉考試，中過舉人，但沒有當官。按照他的弟子和再傳弟子為他寫的傳記，他應該沒有搞過什麼抗金起義，只是有點兒憤世嫉俗，不想渾渾噩噩過一輩子。他四處訪求高人異士，希望獲得人生指引。遇見了傳說中的道教神仙呂洞賓（也許只是個冒充呂洞賓的江湖騙子），拜其為師。隨後在終南山掘地成墳，隱居其中，長期修煉，靜心悟道。

王重陽在墳墓中修煉七年，提煉出一套全新的道家教義。他走出墳墓，前往山東傳道（當時山東也是金國的地盤），收了七個弟子（即武俠小說裡的「全真七子」），成立了道教裡的全新教派「全真教」。

王重陽亡故之後不久，蒙古人的勢力擴張到中原地帶，妄想長生不老的成吉思汗和元世祖忽必烈都對全真教的教義很感興趣，所以全真教在元朝非常興旺。

綜上所述，王重陽並非宋朝人。既然他不是宋朝人，那我們這部《逛一回鮮活的宋朝民俗》為何要

把他拎出來呢？

因為，他的活死人墓在一定程度上可以反映宋朝風俗。

活死人墓絕對不是王重陽的首創，宋朝很多平民百姓都修建過活死人墓。

最近半個世紀以來，文物工作隊在山西、陝西、河南、四川、貴州等地發掘的北宋古墓和南宋古墓，墓道裡往往能見到一尊沉重的鎮墓石，鎮墓石或者墓穴牆壁上有時會刻著「生堂」、「壽堂」、「永鎮壽堂」的字樣。這些古墓其實都是活死人墓。換句話說，它們都是在墓主人還活著時就準備好的。

與普通墓穴相比，活死人墓通常有如下特徵：

第一，墓道裡有石獅、石虎之類的鎮墓石把守門戶；

第二，墓穴四壁上繪畫或者雕刻著墓主人的畫像；

第三，畫像旁邊書寫或者刻畫「生墓」、「生堂」、「壽堂」、「千年吉宅」等文字；

第四，墓穴裡可能會埋一塊方磚或者青石板，上面雕刻「預造千年吉宅」等文字。

蘇東坡《東坡志林》第七卷寫道：「生者之室謂之壽堂，以偶人披甲執戈，謂之壽神以守之，而以石甓塞其通道，廣不能容人。既死而葬，則去之。」他這段話描寫的是北宋四川活死人墓的特徵：活著時修造墳墓，名曰「壽堂」。墓前用「壽神」的雕像守衛，墓道用鎮墓石把守。等墓主人真的死了，下

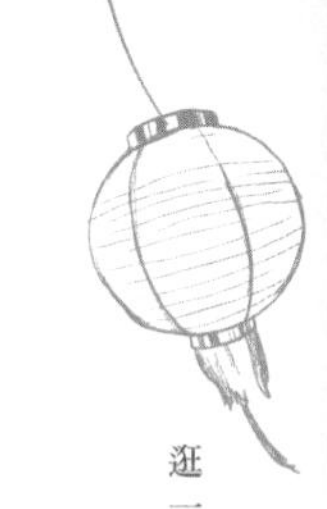



葬之時，再把壽神和鎮墓石搬走。

人還活著，卻提前挖好墳墓，以我們現代人的眼光，實在很不吉利。可是對宋朝人來說，這樣做卻是大吉大利。

我們知道，古代中國人怕死，也諱死，但從來不忌諱在屋裡放一口棺材。人活著時就備下的棺材，美其名曰「壽材」，據說不但不晦氣，還能讓人長壽。

▲宋朝墓道裡的鎮墓獸

兩宋時期，有條件的老百姓會趁著壯年，備好棺材，挖好墓穴，在墓穴牆壁畫上兩口子的肖像，陰刻「壽堂」、「生堂」、「千年吉宅」等字樣，最後在墓道裡放一隻鎮墓獸，然後開心地等待十幾年甚至幾十年，歲月靜好，入土為安。

▲河南禹州白沙宋墓壁畫，該墓應為「壽堂」，即墓主生前所修之墓

這樣做，一是可以避免將來死後，兒孫臨時抓瞎，買不起棺材，挖

不好墳墓；二是有「壓勝」的作用，試圖用一座沒有屍體的空墳來唬弄那些不期而遇的死神：瞧見我的墳墓沒有？我已經死了耶，你們找別人索命去！

## 郭靖應該怎樣埋葬師父？

金庸筆下還有一位絕世高手，他在王重陽仙去之後出生，姓郭名靖。王重陽是金國人，郭靖是宋朝人，雖說生在蒙古，但國籍在南宋。郭靖還有六個師父，江湖人稱「江南六怪」，在南宋出生，在南宋長大，在南宋成名，更是道道地地的宋朝人。

《射雕英雄傳》第三十四回，江南六怪去桃花島，遭到「西毒」歐陽鋒伏擊，六怪當中有五怪都慘死在島上。當郭靖趕到時，凶手早已遠去，郭靖悲憤莫名，傷心透頂，草草地埋葬了他的五位師父。

原文描寫了郭靖埋葬師父的全部過程：

郭靖將四具屍身抱入樹林，離墳墓數百步之遙，這才俯身挖坑。他先用韓小瑩的長劍掘了一陣，到後來愈掘愈快，長劍啪的一聲，齊柄而斷，猛然間胸中一股熱氣上湧，一張口，吐出兩大口鮮血，俯身雙手使勁抓土，一把把地抓了擲出，勢如發瘋。

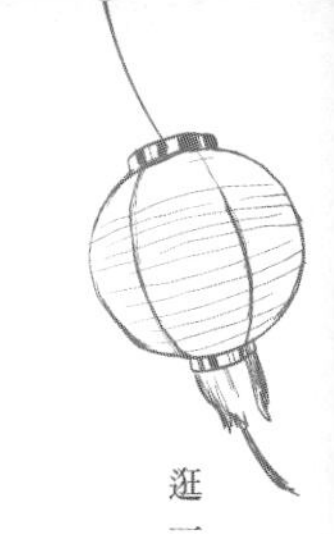



黃蓉到種花啞僕的居中去取了兩把鏟子，一把擲給了他，自己拿了一把幫著掘坑。郭靖一語不發地從她手中搶過鏟子，一拗折斷，拋在地下，拿另一把鏟子自行挖掘。

到此地步，黃蓉也不哭泣，只坐在地下觀看。郭靖全身使勁，只一頓飯工夫，已掘了大小兩坑。他把韓小瑩的屍體放在小坑之中，跪下磕了幾個頭，呆呆地望著韓小瑩的臉，瞧了半晌，這才捧土掩上，又去搬朱聰的屍身。

他呆立一陣，緩緩將朱聰、韓寶駒、全金發三人的屍身搬入坑中，要待掩上，但望著三位師父的臉，終是不忍，叫道：「二師父，三師父，六師父，你們……你們死了！」聲音柔和，卻仍是帶著往昔和師父們說話時的尊敬語氣。……只見郭靖轉身又到坑邊，鏟了土，將三人的屍體掩埋了。

簡言之，郭靖挖了兩個坑，一個坑埋他的女師父，一個坑埋他的男師父。他挖土成穴，堆土成墳，既沒有棺材，也沒有墓碑，埋葬得甚是草略。

現在我們做個假設，假設郭靖埋葬師父們的時候，宋朝大儒司馬光在旁邊觀看，那麼司馬光一定會批評郭靖，批評他違背禮法。

按照司馬光整理的喪葬禮法，郭靖應該這樣舉行葬禮：

第一步，為死者招魂。找出師父們的上衣，爬到房頂上，揮舞著上衣，高喊三遍：「××師父回

來！××師父回來！」

第二步，為死者換衣服。男師父要換白色布衣，披頭散髮，赤著雙腳。女師父要換青色布衣，披頭散髮，不赤腳。

第三步，向親戚朋友報喪。

第四步，為死者洗澡，修剪指甲和鬍鬚（如果有鬍鬚的話）。

第五步，在死者嘴裡放一枚銅錢或者一塊玉石。

第六步，再次為死者換衣服，換上正式的壽衣。

第七步，做銘旌。所謂銘旌，是用暗紅色絲綢做的旗子，上面書寫「××之靈位」。做好銘旌，插在死者身旁。

第八步，做魂帛。將白色的絲綢裁成長條，紮成人形，左側書寫死者出生的時間，右側書寫死者故去的時間。做好魂帛，擺在死者前面。

第九步，小斂。所謂小斂，就是把死者抬到床上，裹上被子，兩頭紮緊。這道工序要在亡故後第二天完成。

第十步，大斂。大斂是亡故後第三天要做的，就是把死者抬進棺材（屍體外面緊裹的被子不要拆下

來），蓋上棺材蓋。蓋棺的時候，死者的家屬，也就是郭靖郭少俠，一定要邊跳邊哭，盡可能表現出悲慟欲絕的樣子。

第十一步，成服，也就是穿上孝服。亡故後第四天，所有家屬一律穿孝。

第十二步，弔孝，也就是祭奠死者。這道工序與成服同時進行，家屬在家成服，親朋趕來弔孝，根據與死者的親疏程度，送來數量不同的供品和數額不等的奠儀。

第十三步，選墓地，修墳墓，備辦各種隨葬品，請人寫碑文、寫墓誌銘，請工匠刻碑、刻墓誌銘。假如死者生前早有準備，提前辦好了這些事情，那麼這一步可以省略。

第十四步，出殯。家屬披麻戴孝，手持引魂幡，走在前面，邊走邊哭，走幾步一叩首。遠房親屬和雇來的苦力抬著沉重的棺材走在後面。送葬的親朋故交走在後面。在這個長長的隊伍裡面，還有主持喪葬的禮生、抬著祭桌的白事人，以及負責撒紙錢、放鞭炮、拿紙人和紙馬的閒漢。大隊人馬抵達墓地，下葬，痛哭，祭祀，再哭，最後燒掉所有的紙人、紙馬，各回各家。

▲（南宋）三彩紅陶俑，為宋代隨葬品，現藏於四川遂寧宋瓷博物館

第十五步，送葬的親朋走了，沒事了，家屬還要「返哭」——回到家，請出死者的牌位，再哭一次。

第十六步，下葬後的第一個柔日、第一個剛日，以及剛日後面的第一個柔日，家屬都要再哭一次。我們知道，上古以天干計日，甲日、丙日、戊日、庚日和壬日是剛日，乙日、丁日、戌日、辛日和癸日是柔日。

第十七步，下葬後第十三個月，家屬脫去孝服，改穿素色衣服；下葬後第二十五個月，素色衣服也可以脫下，改穿平日的鮮豔衣服。

第十八步，下葬後第二十七個月，家屬請出死者的牌位，做最後一次祭祀。此後每年清明節，上墳掃墓即可。

上述禮法如此繁瑣，郭靖能做到嗎？當然做不到。他在桃花島上，孤懸海外，通訊落後，購物極不方便，向誰報喪？去哪兒買棺材？請何人抬棺和送葬？都不可能嘛！再者說，當時他那樣悲慟，恨不得陪師父們一起去死，又怎麼有心情、有精力一步不少地完成那麼多道工序呢？

也甭說郭靖，就說那些平民百姓，家裡沒有餘錢，平日忙於謀生，既買不起全套的喪葬用品，也沒工夫窮年累月地在家守孝。天天祭祀和裝模作樣地痛哭，不出去工作，難道讓一家老小餓死嗎？

所以司馬光老先生制定的禮法，並不要求所有人遵守。

司馬光在編撰的《書儀》中，總是用這樣的語氣：「今人所難辦。」「難一一從古。」「庶從簡易。」「今人大斂即成服。」「今從眾。」大概意思是說，他制定的那些規矩，很多人不能遵循，因為實際情況不允許，不得不從習俗上進行簡化。

說到喪葬風俗的簡化，我是深有體會。

我小時候已是二十世紀八〇年代，中國大陸經過「文革」的洗禮，傳統習俗已經扔掉了一大半，但是和今天比起來，農村地區辦喪事的規矩仍然多得要命。比如說，家中長輩故去，無論發現得有多晚，當天必須趕到娘舅家（母親或者祖母的娘家）報喪；去報喪的時候，必須帶一卷黃表紙，但這卷黃表紙卻不許帶進娘舅家，只能放在大門口，空著手進去，向娘舅報告長輩的死訊；下葬那天，必須雇六個人或者八個人或者十個人或者十六個人抬棺材，無論墓地離家有多遠，棺材都不能落地；下葬以後，「五七」（下葬後第三十五天）和「百天」（下葬後第一百天）必須祭祀，祭祀那天必須有親朋到場，親朋既然到場了，家屬必須大宴賓客。

現在呢？我們豫東農村的年輕人大部分都在外地工作，為了節省時間，喪葬習俗愈來愈簡化：報喪不一定非要親自趕到娘舅家裡去，打一通電話就行；出殯不需要雇人抬棺材，雇一輛小型卡車或者電動三輪車即可；「五七」和「百天」可以合併到一天，甚至與來年清明節合到一塊兒祭祀，省得家屬一直

在家守著，也為親戚朋友免去了千里奔忙的諸多煩惱。

翻開宋朝志怪小說集《夷堅志》，隨處都能讀到民間喪葬不得不從簡的情節。例如某某士子病逝，「家貧子弱，葬不以禮」，家裡窮，兒子小，不能按照禮法埋葬。某某詩人年邁體衰，死在半道上，「道旁人亦舊識，憐其無子，為買葦席，束而葬諸原。」路人可憐他沒兒子，買了一張蘆席，把他的屍體裹起來，抬到野外埋了。某某縣吏去世，「家貧未能葬，殯於城隍祠前。次年，塚為雨所壞，露棺一角。」家裡窮，不能按禮法殯葬，在城隍廟前面隨隨便便找了一塊空地，隨隨便便挖了個坑，埋得很淺，第二年下大雨，墳墓被沖毀，棺材角都露出來了……

南宋法典《慶元條法事類》第七十七卷規定：「諸喪葬有制數，而力不及者，聽從便。」喪葬是大事，有現成的禮法來約束，但是對於那些實在沒有能力按禮法殯葬的家庭，法律上可以網開一面，怎麼簡便怎麼來好了。

從這條規定來看，宋朝法律還是比較有人情味的。

慶元條法事類卷第七十七
服制門
服制令格
令
儀制令
諸凶服不入公門居喪而奪情從職者服依本品唯
色淺去金玉飾在家即如喪制
諸居喪有奪情從職喪制未終者不弔不賀不預宴
期以下喪假滿雖在職仍准非在職格而遇宴者聽赴

▲（南宋）法典《慶元條法事類》第七十七卷是關於喪葬的法令

## 武大郎因何火葬？

宋朝存續三百多年，法律不會一成不變。

北宋初年在整理和抄襲唐朝法律的基礎上，編撰了一部《宋刑統》，這部法典嚴禁火葬：「子孫於祖父母、父母……燒棺槨者，流二千里，燒屍者絞。」子孫埋葬長輩，只許土葬。敢燒長輩靈柩，流放兩千里；敢燒長輩屍體，判處絞刑。靈柩不能燒，屍體也不能燒，當然是禁止火葬。

但是到了南宋，宋寧宗編撰《慶元條法事類》時，整部法典中已經完全見不到關於火葬的禁令了。

這說明，宋朝官方最初是禁止火葬的，後來俯順民意，對火葬採取了默許的態度。

事實上，即使在北宋法律禁止火葬的時候，火葬照樣很盛行。我們不妨翻開《水滸傳》，回顧回顧武大郎被火葬的情節，

▲（宋）火葬罐，後世俗稱「骨灰罈」、「金塔」，現藏於西安關中民俗藝術博物院

了解一下宋朝民間如何火葬。

《水滸傳》第二十四回，潘金蓮毒死武大郎，請「團頭」何九叔和他的「火家」幫忙殯葬。在宋元時期的山東方言裡，「火家」就是夥計，「團」者，協會是也，「團頭」者，協會主席是也。何九叔作為職業殯葬師，大概是陽谷縣殯葬協會的主席，平日裡就靠幫人家主持葬禮為生。

在何九叔的主持下，潘金蓮買了棺材，買了鞭炮，買了紙人、紙馬，買了喪葬所需的一切物品。東西買齊後，何九叔還派了幾個夥計，幫潘金蓮收拾靈堂，擺放供品，把武大郎的屍體移入棺材。

《水滸傳》第二十五回，武大郎死後第三天，因為潘金蓮要求「只三日便出殯，去城外燒化」，何九叔的夥計們一大早趕到，「自來槓抬棺材」，也有幾個街坊送葬，潘金蓮身穿孝服，一路上假哭。陽谷縣城郊外有一個火葬場。眾人來到這個火葬場，何九叔也到了，先給武大郎燒了一串紙錢，然後就吩咐連棺材帶屍體一起燒掉。此時潘金蓮帶著送葬的街坊去火葬場旁邊的「齋堂」裡吃飯，何九叔等著棺材燒完，把骨灰收拾起來，撒到了火葬場上的「撒骨池」裡。

小小一個縣城，既有火葬場，又有撒骨池，看來當地人早已習慣了火葬。

《水滸傳》寫於元末明初，但是關於武大郎火葬這段情節，反映的確實是宋朝風俗，至少是宋朝風俗在元朝或者明朝的遺留。

《美國歷史評論》第九十五期刊登過一篇〈宋朝的火葬〉（Cremation in Sung China），作者埃布莉（Patricia Buckley Ebrey）是美國學者，她的考證結論是，宋朝是中國古代歷史上最流行火葬的朝代，平均每一百人去世，其中有將近三十人被火葬。

火葬在宋朝為何這樣走紅呢？

至少有三條原因。

第一，火葬比土葬便宜。

搞土葬，總要買棺材、買墓地吧？總要修墓吧？總要雇人把棺材抬到墓穴裡吧？費時費力，也費錢。改成火葬，最多買一具棺材，連人帶棺一把火燒掉，骨灰往撒骨池裡一撒，萬事大吉，用不著買墓地。

當然，宋朝人火葬之後，有時會把骨灰存到瓷器燒造的骨灰罈裡，再把骨灰罈放入棺材，最後還要入土為安，相當於先火葬、後土葬。像這種情形，一般是官員或商人死於外地，家屬想把屍體運回老家

安葬，可是路途遙遠，交通落後，那時候可沒有冰棺，屍體會在半道上爛掉，不得已，只好火葬，然後把骨灰運回去。本質上說，還是為了節省成本——節省運送屍體的成本。

《宋文鑑》中有一篇文章寫道：「或以守職徼遠，葬於先祖之塋域，故焚之以苟其便易。」某些官員在任職所在地掛掉，離家鄉太遠，只能燒成骨灰，才有可能歸葬。

呂祖謙《少儀外傳》也闡明了同樣的理由：「旅官遠方，貧不能致其柩，不焚之，何以致其歸葬？」離家那麼遠，家屬沒能力把靈柩運回去，如果不火葬，怎能將死者安葬於家鄉呢？

一〇六六年，蘇洵死在首都開封，朝廷賞給蘇軾兄弟白銀一百兩、絲綢一百匹，作為蘇洵的安葬費，又派官船護送蘇洵的屍體回四川眉山。蘇軾和蘇轍坐著官船扶柩還鄉，下汴河，入淮河，過長江，到眉山，一路上花了半年時間。假如朝廷不給補貼，不派官船，蘇軾兄弟很可能會在開封把蘇洵燒掉的，因為路途如此遙遠，開銷如此巨大，「不焚之，何以致其歸葬？」

第二，火葬比土葬衛生。

《夷堅丁志》第十五卷寫到南宋時期江南風俗：「江吳之俗，指傷寒為疫癘，病死氣才絕，即斂而寄諸四鄰，不敢時刻留，……至秋，將火葬。」江南地氣潮溼，氣候溫暖，病菌很容易傳播，造成大面積瘟疫，誰家有人病死，不招魂，不換衣，不小斂，不做銘旌和魂帛，直接蓋棺，釘死，抬到外面，等

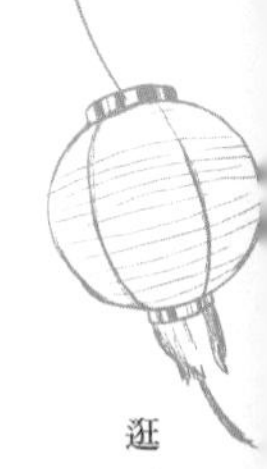



秋後火葬。

古人不懂什麼病菌和病毒，只是從經驗上認識到，病死者的屍體存放過久，會感染活著的人。《宋文鑑》記載宋朝一些老百姓的心理：「或以惡疾而死，俗云有種，慮染其後者而焚之。」如果某人得病暴亡，那麼他的親屬就會說他身上藏著「病種」，必須火葬，否則那「病種」會逃出來，讓親屬得病。火葬之時，大部分病毒、病菌和一切寄生蟲都會隨著死者的軀體化為灰燼，確實有助於衛生，有助於防止疾病的傳播。宋朝人火葬，嗯，可靠！

第三，火葬可以節省土地。

前面說，官員死於異地，先火葬，再土葬。平民百姓呢？絕大多數都不會這麼麻煩，燒就燒了，要麼撒到撒骨池裡，要麼裝到骨灰罈裡，再把骨灰罈存放到祠堂或者寺廟裡。土葬？沒必要。買墓地？未必買得起啊！

《宋史》第四百三十七卷記載湖北風俗：「死則不葬，而畀諸火。」死了不埋，扔進火堆。為啥？《夷堅乙志》第九卷有相關解釋：「鄂州地狹而人眾，故少葬埋之所。近城隙地，積骸重重，多輿棺置其上，負土它處以掩之。」湖北人多地少，土地緊張，死人與活人爭地，活人當然優先考慮。城郊的空地不能種莊稼，墳頭密密麻麻，見縫插針都插不進去，沒辦法，只好在舊墳上面添造新墳，把死人的住

所都蓋成了樓房。具體怎麼做呢？原來是把棺材放在舊墳上，再覆蓋一層土，把棺材覆蓋住就行了。

非止湖北，整個宋朝都是人多地少。宋徽宗時，人口突破一億大關，超越以往任何一個朝代，但疆域卻比漢、唐時期小得多，人均耕地少得可憐，人口密度高得嚇人。假如還像以往的朝代那樣盛行土葬，宋朝人真的會餓死一大批的。

范仲淹的兒子范純仁當過太原知府，「其境土狹民眾，惜地不葬。純仁遣僚屬收無主燼骨，別男女異穴，葬者三千餘。」太原人多地少，老百姓珍惜土地，不願土葬，只搞火葬。范純仁作為正宗儒家門生，從意識形態上認為火葬不好，燒毀父母身體，簡直十惡不赦。所以他派下屬到民間訪查，凡是火葬的，把骨灰蒐集起來，官府出資，埋入墓地。他在太原做了一任知府，埋葬了三千多個死者的骨灰。

上述故事見於《宋史》，修撰《宋史》的人是將范純仁當作好官來歌頌。不過站在純經濟立場的角度看，范純仁為了維護土葬的舊習，害得太原又損失一大片耕地，如此迂腐冬烘的官員，對老百姓有百害而無一利。

## 為死者辦房屋權狀

宋朝是多種喪葬形式並存的朝代。

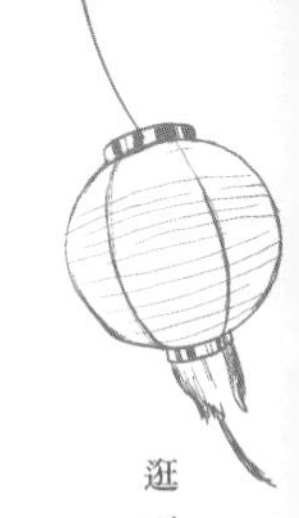



據《東齋記事》記載：「（陝西）貧民不能葬者，棄屍水中。」《岳陽風土記》寫湖南荊州民俗：「死者多不埋葬，或暴露風日，或置之木梢。」這些史料說明，宋朝既有土葬和火葬，也有水葬和天葬。

但是，在整個社會占主流的，肯定還是土葬，水葬和天葬只是個別地區的奇特習俗。即使火葬那麼盛行，最多只能占到三成而已，其中還有相當一部分死者，燒完以後要入土，還是需要挖墳修墓。

宋朝的墓，少數是土墓，像郭靖在桃花島埋葬師父那樣，刨一土坑，埋入死者，覆土堆墳，省時省錢。

稍微講究一點的宋墓，那必定是磚墓——挖墓穴時，挖深一些，挖寬一些，挖成一個長方形或者正方形的大坑，用磚把東西南北四面土牆給砌起來，其中一面牆留出缺口，留出一個可供棺木進入的墓道，並用磚把墓道鋪成一個斜坡，或者砌成階梯狀。最後，墓頂也要用磚來做，通常是用磚發券[2]，做成一個倒扣的鍋蓋形磚頂，磚頂上面再覆蓋一層厚厚的黃土。從外面瞧，是一座土墳；把土墳刨開，下面都是磚。

下葬時，棺材從墓道進入墓穴，棺材外面放一盞長明燈。棺材一般是雙層的，裡面那層是「棺」，外面那層叫「槨」，就像古代士大夫穿鞋，裡面那層叫鞋，鞋的外面再套一雙靴。假如死者家裡沒錢，也可能只買一口薄皮棺材，「槨」就免了，就像平民百姓只穿鞋不穿靴一樣。

古人講究「事死如事生」，將死人當成活人來侍奉。活人要住寬大的房屋，所以要給死人修建寬大的磚墓；活人家裡要有家具，所以死人墓裡要有陪葬品。宋朝還好，官方一直提倡薄葬，與漢、唐時期相比，陪葬品已經少多了。漢、唐時期往往陪葬大量的陶器、瓷器、漆器、玉器、珠寶和人俑，到了宋朝，這些器物都可以用繪畫來代替：磚墓砌成，在四壁和穹頂抹上白灰，請畫工繪製彩畫。例如在四壁上畫「八仙過海」和「二十四孝」的故事，在穹頂上畫「蓮花寶座」和「流雲飛鶴」等圖案，再在合適的位置繪畫墓主的肖像，肖像旁邊畫幾個僕人，營造出一副人間仙界的幸福景象。

好多宋墓的穹頂正中心還會畫一面圓圓的寶鏡（有的會鑲嵌一面真實的鏡子），這是為了辟邪。古人迷信，擔心魑魅魍魎闖入墓穴，偷吃死者的腦子，欺負死者的靈魂，有這面寶鏡照著，那些惡鬼就不敢來了。前文說過，宋朝墓道裡會放一隻鎮墓獸，也是為了辟邪，為了擋住惡鬼。

不過光有寶鏡和鎮墓獸還不夠，宋朝人還會再為死者加一份保險。這份保險刻在一塊青磚上，或者刻在一塊石頭上，或者刻在金屬板上。刻什麼內容呢？容我抄錄如下：

2 發券是建築術語，意思是砌成拱橋或穹頂。

維淳熙十三年歲次丙午閏七月丙午朔十四日己未，恭人蔡氏，以辛巳年九月十二日歿故，龜筮協從，相地襲吉，宜於泉州南安縣歸化里西峰龍安禪院之後山安厝宅兆，謹用錢九萬九千九百九十九貫文，兼五彩信幣，買地一段，東西一百步，南北一百步，東至青龍，西至白虎，南至朱雀，北至玄武，內方勾陳，分掌四域。丘丞墓伯，封步界畔，道路將軍，齊整阡陌，千秋萬歲，永無殃咎。若輒干犯呵禁者，將軍亭長，收付河伯。今以牲牢酒飯，百味香新，共為信契，財地交相分付，工匠修營安厝以後，永保休吉。

知見人：歲月主。

保人：直符。

故氣邪精，不得忓擾。先有居者，永避萬里。若違此約，地府主吏自當其禍，主人內外存亡悉皆安吉。

▲張家口蔚縣遼墓的穹頂壁畫，張馨尹攝

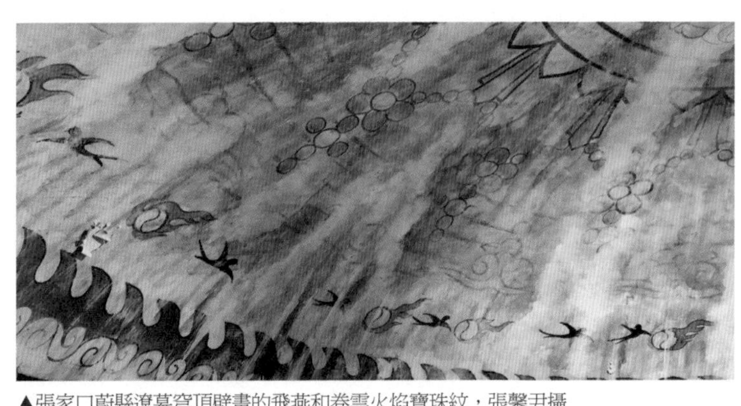
▲張家口蔚縣遼墓穹頂壁畫的飛燕和卷雲火焰寶珠紋，張馨尹攝

急急如五帝使者女青律令。

上述文字鑄刻於一塊鐵板之上。這塊鐵板長三十九公分，寬三十二公分，厚一公分，一九七三年從福建省南安縣城關鎮一座宋墓中出土。

按照鐵板上的文字敘述，墓主是一位女士，人稱蔡氏，於宋孝宗淳熙十二年（一一八五年）九月十二日去世，並於淳熙十三年（一一八六年）七月十四日下葬，墓地選在南安縣歸化里西峰龍安禪院的後山。買墓地時花了九萬九千九百九十九貫，這塊地東西寬一百步，南北長一百步，東到青龍，西到白虎，南到朱雀，北到玄武，四面八方都有神仙守護，產權清晰，四至明確，不許任何鬼怪前來騷擾，死者以及死者家屬都將平平安安。

這段話只有墓主的死亡時間、下葬時間和墓地的具體位置是寫實，後面的部分全是虛構，全是用來嚇唬妖魔鬼怪的——瞧見沒？這塊墓地是我的不動產，這塊鐵板是我的房屋所有權狀，我住這兒天

經地義，你們哪個小鬼敢到我的地盤上撒野，我就讓神仙和閻王出來收拾你們！

在已經出土的宋墓裡面，只要是保存完好、未經盜掘的墓穴，骸骨旁邊基本上都有這樣一塊虛構的買地文書，或鑄刻，或磚雕，或木質，或石質，在宋朝叫做「買地券」，說穿了，其實就是為死者辦的房屋所有權狀。

南宋周密《癸辛雜識別集》卷下〈買地券〉記載：

今人造墓，必用買地券，以梓木為之，朱書云：「用錢九萬九千九百九十九文，買到某地若干」云云，此村巫風俗如此，殊為可笑。

翻成白話文就是說，本朝埋葬死者，墓穴裡一定要放一塊買地券，通常使用黃楸樹的木板，用紅筆書寫「用錢九萬九千九百九十九文，買到某地若干」之類的內容，這是鄉間迷信的風俗，非常可笑。

北宋時期，司天監楊惟德編撰喪葬指南《塋原總錄》，在第三卷專門為買地券指明格式：

維年月朔日某州某縣某坊住人某甲，伏緣父母奄逝，未卜塋墳，夙夜憂思，不得所厝，遂令日者擇此高原，來去朝迎，地占襲吉。地屬本州本縣某村之原，堪為宅兆。梯己將錢買到墓地一方，南北長若干步，東西闊若干步，東至青龍，西至白虎，南至朱雀，北至玄武。內方勾陳，分擘四域。丘丞墓伯，封步界畔。道路將軍，齊整阡陌。致使千秋萬載，永無殃咎。若有干犯，並令將軍亭長縛付河伯。今備

牲牢酒飯，百味香新，共為信契，財地交相，各已分付。令工匠修營安厝以後，永保休吉。

知見人：歲月主。

代保人：今日直符。

故氣邪精，不得忓擾。先有居者，永避萬里。若違此約，地府主吏自當其禍，主人內外存亡悉皆安吉。急急如五帝使者女青律令。

按照這種格式，只要填上年月日，填上死者或者死者家屬的名姓，就是一份完整的買地券。

《塋原總錄》又補充道：

券立兩本，一本付後土，一本乞付墓中，令亡父某人收執，渠備付身，永遠照用。今合券，背上又書「合同」二字，令故氣伏屍永不侵爭。

意思是說，買地券原有兩份，一份埋在土裡，一份放在墓裡，安置在死者身側。現在合為一份，並在背面添加「合同」兩個字，可以讓死者安息，不被妖魔鬼怪欺負。

為死者辦房屋所有權狀，絕對不是宋朝人的發明。迄今為止出土的買地券，年代最遠可以上溯到東漢，年代最近則流傳到明朝。著有《中國歷代契約會編考釋》的歷史學家張傳璽先生為買地券寫過一段比較精彩的總結，我抄在下面，供大家參考：

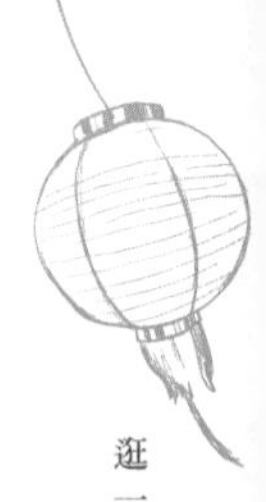

▲現代泥塑再現宋朝街頭算命場景，攝於河北唐山麻龍灣《清明上河圖》泥塑園

> 買地券又叫「地券」、「墓莂」，始見於漢代，絕大部分為鉛製，形如漢簡，少數為玉石、磚瓦製成，文字是刻畫的。魏晉以後，人世間逐漸用紙書寫契約，紙行近於正方，買地券的質料和形制也相應地發生變化，多仿紙契，用短而廣的陶磚、石片、木板製成，文字用刻畫或朱墨書寫。買地券是隨葬品，是葬家為死者虛構的一種契約，這是土地私有制發展在意識形態中的反映。……東漢時的買地券剛剛行用，所寫內容與人間契約幾乎完全相同，史料價值很高。東漢末及魏晉以後，買地券內容的迷信化程度日益加深，其史料價值也相應地降低了。

由此可見，東漢時期剛剛流行買地券的時候，券上文字基本寫實，說墓地多大面積就有多大面積，說花了多少錢就真的花了多少錢，所以具備史料價值，可供研究當時地價。魏晉以後，買地券上面虛構的內容愈來愈多，地塊面積是假的，土地價格是假的，中間人和公證人都是神仙，再也不能當作真實的地價來研究了。

有一年，中國某大學一個博士研究宋代地價，課題主持人和參與者治學粗疏到了極點，竟然將宋墓

裡出土的那些買地券都當成真實的交易案例，從而得出非常離譜的結論：某塊地動輒以千萬貫成交，證明宋朝經濟繁榮，地價出現瘋漲云云。

做學問做到這個地步，真應該把他們發配到宋墓裡去。

## 魂瓶以及宋墓裡的拜火教

老家河南開封博物館新館開放那天，我帶孩子去參觀，在二樓宋金展廳見到一對青色瓷瓶，兩尺來高，樣子相近，像一對剛上幼稚園的雙胞胎。

上下打量這對「雙胞胎」，都是瘦瘦的身材，下半截大肚圈足，上半截堆塑著許多佛像、雲朵、游龍和神龜，頂端都有一個圓錐形的蓋子，蓋子上都站著一隻鳥。

開封博物館給這對瓷瓶取了名字：南宋影青皈依瓶。

我兒子不認識「皈依」的「皈」字，問我什麼意

▲開封博物館展出的南宋影青瓷魂瓶

思。我告訴他，「皈依」就是信仰某種宗教，一般指佛教。打個比方說，以前你不信佛，現在信了，別人就可以說你皈依了。

但是，這對瓷瓶和皈依佛教沒什麼關係，寺廟裡為信眾舉行的皈依儀式上也不可能用到這種瓶子，因為它們是明器，是隨葬品，是埋在墓穴裡給死人用的。

中國的博物館裡經常可見到這類瓷瓶，一般都是成對出現，造型都和開封博物館裡展出的這對瓷瓶差不多。我在江西省博物館見過一對，高約半公尺，下半截大肚圈足，上半截堆塑一圈佛像，佛像再往上，各纏一條龍和一頭猛虎，瓶口蓋著圓錐形的蓋子，蓋子上各站一隻鳥。

因為瓶身堆塑佛像的緣故，過去考古界誤以為只有佛教徒死後才會用這類瓶子隨葬，所以命名為「皈依瓶」。也有人根據形態來命名，稱它們「堆塑瓶」或者「堆塑長頸瓶」。不過這些命名都不太科學，比較科學的名字應該是「魂瓶」。

為什麼叫做「魂瓶」呢？難道像林正英在世時主演的那些香港恐怖片一樣，被茅山道士用來收孤魂野鬼的魂魄嗎？其實不是的。它們真正的用途是幫助死者的魂魄上天。

在宋朝，平民百姓和中下級官吏去世後下葬，墓穴裡往往會放入一對魂瓶。如果是夫婦合葬墓，墓穴裡會有兩對魂瓶，男屍附近放一對，女屍附近放一對。墓穴裡隨葬魂瓶的風俗，在宋朝淮河以南的地

區比較流行，特別是在江西，幾乎每一座宋墓裡都能發現魂瓶——假如那座宋墓沒有被盜墓賊提前破壞的話。

具體來講，宋墓裡的魂瓶有兩個作用。

第一，用來鎮墓。

宋朝人迷信，既相信人死後有鬼魂，又相信會有一些惡鬼來侵擾墓穴裡的死者，就像非法闖入民宅的盜匪一樣，必須採取措施把它們趕走，否則死者的亡靈無法安息。怎麼才能趕走惡鬼，或者讓惡鬼不敢進入墓穴呢？可以在墓道裡放一隻用石頭雕成的粗大笨重的鎮墓獸，也可以在棺槨旁邊放兩只魂瓶。魂瓶上不是有一圈佛像嗎？佛像上面不是有游龍、猛虎、神龜或者其他吉祥物嗎？在宋朝人心目中，這些雕塑都有驅趕惡鬼的功效。

第二，用來引魂。

受佛教文化的影響，宋朝人認為死後可能會進入輪回，也可能往生極樂世界。假如沒有嚮導領路，大部分鬼魂都會處於渾渾噩噩的狀態，總是找不著北：本來可以順利投胎，結果留在了中陰世界；本來可以升上天堂，結果再次投生凡間；本來可以往生極樂，結果陷入六道輪回。所以，古人在魂瓶的頂端塑造一隻神鳥，讓神鳥指引著鬼魂的去路，幫助祂們走進更好的世界。

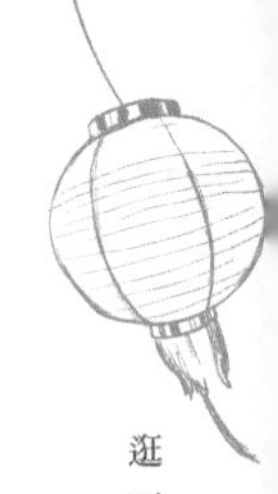

參觀完了博物館的魂瓶，我們不妨再去宋墓裡觀摩一下。開封尉氏縣有一個張氏鎮，張氏鎮有一個後大村，二〇〇〇年七月，文物工作隊在後大村南部發掘了一座宋代磚室墓。

這座宋墓裡有沒有魂瓶呢？也許有，但是文物工作隊沒有找到。這不是文物工作隊的錯，早在正式發掘之前很多年，這座墓就被盜墓賊光顧過了，凡是看起來可能值錢的東西，都已經被洗劫一空。文物工作隊人員精心清理隨葬品，只找到幾枚北宋時期的銅錢，以及一只大腹小口的宋代陶甕。

▲江西省博物館收藏的一對南宋青白釉魂瓶

尉氏縣張氏鎮這座宋墓是一座夫婦合葬墓，墓門在南，死者的遺骸頭朝南方，腳在北方，兩具遺骸東西並排，東邊那具是男性，西邊那具是女性。

就像宋朝大多數磚墓一樣，這座墓的墓穴砌了四面牆，四面牆上還有一個用磚

發券像倒扣鐵鍋似的穹頂。宋朝官府提倡薄葬，像秦漢以前的活人殉葬、秦漢以後的器物隨葬，已經被宋朝人最大限度地廢除了。

當年儒家提倡廢除活人殉葬，兵馬俑和唐三彩之類的人俑隨之走紅。宋代官府提倡廢除器物厚葬，然後壁畫墓就開始走紅。在尉氏縣張氏鎮這座宋墓的四壁和穹頂上，密密麻麻畫滿了壁畫。簡單說，墓穴東西南北的四面磚牆上主要繪畫二十四孝裡的經典故事，穹頂之上則主要繪畫天國的景象。

▲江西省萍鄉市湘東區下埠鎮虎山村南宋古墓中出土的一對魂瓶

張氏鎮宋墓的穹頂壁畫所畫的天國，是道教和佛教這兩大宗教共同構造出來的天國，同時又實實在在地凸顯出了本土世俗文化的印跡：墓頂下面畫了一群手提花籃或者頭頂果盤的飛天，中間點綴著佛教的蓮花，也點綴著開封特產的菊花。由此可見，宋朝開封就已經盛產菊花了。

這些都無所謂，最耐人尋味的是，在四壁和穹頂之間，竟然畫著四個大火球，火球下面還各有一個大火盆。這些圖案是什麼意思呢？

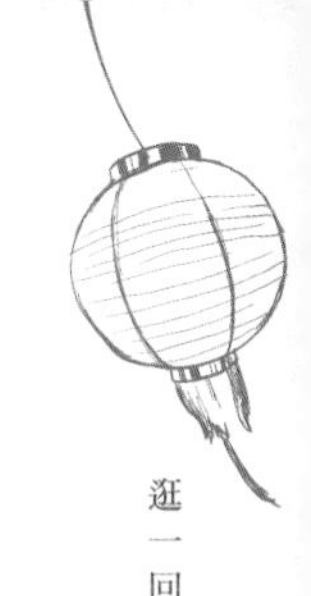



要知道，佛教文化裡常見的裝飾圖案並沒有火球。道教裡倒是有，但畫得都很小，一般畫成一個小圓圈，圓圈外面飛出一小團火焰，火焰下面沒有火盆，卻有一些雲朵，這種圖案叫做「卷雲火焰寶珠紋」，在受道教影響比較大的古墓中可以見到。舉例說，在河北張家口宣化遼墓和蔚縣遼墓的穹頂天象圖中就能見到一圈一圈的卷雲火焰寶珠紋。

我們有理由相信，張氏鎮宋墓壁畫上的火球和火盆圖案是受了祆教的影響。

祆教俗稱「拜火教」，最初起源於現在伊朗附近的中東地區，至少在三千年前就已經誕生，在二千多年前就已經發展出成熟的教義，並且擁有規模龐大的信眾。這個宗教非常崇拜火，將火視為宇宙當中最神聖的物質，將拜火當成信徒們最神聖的職責。

至少在唐朝時期，中東的拜火教已經沿著陸上絲綢之路傳播到中國，最初在中國的信徒以來華定居的胡人為主。到了北宋，拜火教漸漸本土化，大約在北宋中葉前後，開封已出現一批拜火教信徒，他們還在開封北郊建立了廟宇。

北宋晚期的文人張邦基記載：「東京城北有祆廟。祆神本出西域，蓋胡神也，與大秦穆護同入中國，俗以火神祠之。京師人畏其威靈，甚重之。」說明拜火教在開封民間影響不小。

尉氏縣離開封市區不遠，當拜火教在開封市區擁有成規模的信徒之時，在尉氏縣應該也會產生一點

點影響，假如張氏鎮宋墓的墓主夫婦及其子孫後代當初活著時曾經皈依拜火教，應該不算是一件特別奇怪的事情。

當然，墓穴裡的壁畫和隨葬品，更大程度上反映的是習俗，而不是宗教。宗教出於信仰，習俗則主要是跟風。張氏鎮宋墓裡沒有墓誌銘，我們無法斷言墓主夫婦到底信仰什麼宗教，也許他們和他們的子孫什麼都不信，只是見到別人墓裡隨葬魂瓶，自己也要有；見到別人墓裡繪畫火焰，自己也要畫。至於為什麼要這樣，那不重要，重要的是沒有在追逐時尚的不歸路上掉隊。

# 下篇

## 一個宋朝人的四季

# 第一章　正月裡來是新年

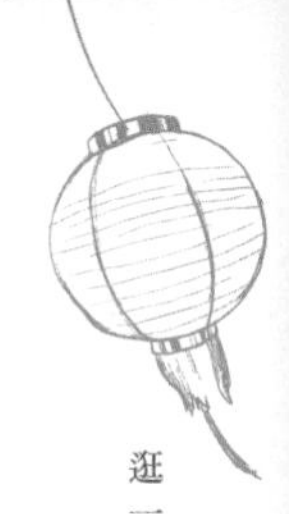



## 麵蛇、柳枝、桃符

北宋開封，正月初一，離天亮還有兩個小時，一個中年男子早早地從床上爬起來，披上棉襖，套上棉褲，穿上鞋子，來不及洗漱，就提著燈籠走出家門，腋下夾著一個包裹。

他在門外找到一小塊空地，放下燈籠，從包裹裡取出一把鐵鏟，開始刨坑。就著昏黃的燈光，我們隱隱約約可以看到，地上攤開的包裹裡面還有三樣東西：

一條蛇、一把豆子、一顆雞蛋。

坑刨好了，他把蛇、豆子和雞蛋都扔了進去，填上土，踩結實，嘴裡嘟嘟囔囔念叨幾句，轉身回家。

咦，他幹嘛把這些東西埋起來呢？大夥別急，繼續跟著他，看他下一步要做什麼。

這個中年男子回到家，洗把臉，漱漱口，喝杯熱茶，又翻出一捆柳樹枝，和一根鴨蛋粗細的桃樹枝。他把柳枝解開，先拿一根插到門環上，又拿幾枝插到窗欞上。他家有四扇窗，插了四根柳枝；還有兩扇門，每扇門上也各插了一枝。

然後他又拿起那根桃樹枝，一劈兩半，都削成上寬下窄的楔子，七、八寸長，削得尖尖的，刮得光光的，提起毛筆，在一根楔子上寫了「神荼」兩個字，另一根楔子上寫了「鬱壘」兩個字。他把這兩根

桃木楔分別插到大門兩邊的空地上，拎起錘子，啪，啪，啪，啪，全釘到泥土裡，只留桃木楔的上半截在外面。

當他忙完這些的時候，天已經快要亮了。趕緊把老婆喊起來，幫他熬漿糊，貼年畫。兩口子把門神貼到門上，把春聯貼到門框上，最後又取出一塊長方形的桃木薄板，在上面寫了「順天行化」四個字，釘在大門的門楣上。

中年男子放下釘桃板的錘子，看看門外填平的那個小土坑，看看門口兩邊露出半截的桃木楔，看看窗戶上斜插的那些柳樹枝，看看大門上新貼的門神和新釘的桃板，長出一口氣，滿意地笑了。

OK，讓這個男子歇一會兒，我來給大夥解釋一下他剛才究竟在做什麼。

貼門神，貼春聯，大家都懂，不必解釋，即使到了現在的大年初一，很多朋友仍然會這麼做。可是我們絕對不會瘋到在門外挖坑，往坑裡埋蛇，

▲（宋）佚名《歲朝圖》，現藏於臺北國立故宮博物院

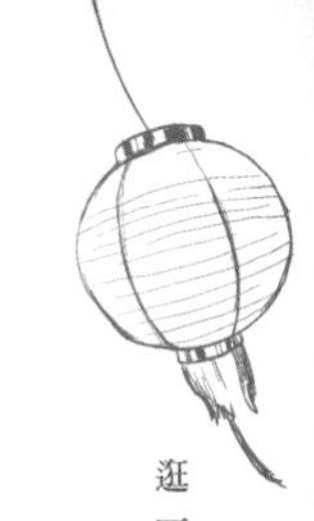



對不對？

其實這個宋朝人埋的不是蛇，是用麵團捏的假蛇。他埋的雞蛋倒是真雞蛋，豆子也是真豆子，只不過都是煮熟的。他把這些東西埋起來的時候，口中念叨的是這麼幾句話：

蛇行則病行，黑豆生則病行，雞子生則病行。

等這隻假蛇從土裡爬出來的那一天，等這把豆子從地裡長出來的那一天，等這顆雞蛋孵出小雞的那一天，我們全家才會生病。

要知道，那蛇可是假蛇，那豆子可是熟豆，那雞蛋可是熟雞蛋。假蛇會爬嗎？不會。熟豆能長嗎？不會。熟雞蛋能孵出小雞嗎？不會。當這些不可能發生的事情都發生的時候才會生病，意思就是一年到頭永遠不會生病。

這就是宋朝人在大年初一那天進行的禱告和祝福，方法非常奇特，過程相當好玩。

這樣做是為了祛病。往門窗上插柳枝，在大門口釘桃木，以及貼門神什麼的，則是為了驅鬼。您知道，在中國道教文化和傳統巫術當中，柳枝和桃木都是可以打鬼的，要不然茅山道士幹嘛要用桃木劍對付鬼怪和殭屍呢？

一左一右釘在大門口的那對桃木楔，就是傳說中的「桃符」。王安石詩云：「千門萬戶曈曈日，總

把新桃換舊符。」寫的就是這種桃木楔，上面通常各寫「神荼」和「鬱壘」，那是古代中國神話傳說中擅長捉鬼的一對半神兄弟。很多學者不懂宋朝風俗，將桃符理解成春聯，還堂而皇之地將這種錯誤認知寫在著作裡，真是誤人不淺。

有的朋友可能會問：「你怎麼知道桃符不是貼在門上的春聯，而是釘在地上的桃木楔子呢？」

我有兩個憑據。

第一，北宋書籍《歲時雜記》有載：「今人以桃符徑寸許，長七八寸，中分之，左書神荼，右書鬱壘，歲旦插於門左右而釘之。」現代人（指宋朝人）製作桃符，寬一寸，長七、八寸，縱剖兩半，左寫神荼，右寫鬱壘，正月初一那天，分別釘在大門左右。

第二，蘇東坡寫過一篇寓言，名〈桃符艾人語〉，全文甚短，抄錄如下：

桃符仰視艾人而罵曰：「爾何草芥，而輒居吾上？」艾人俯謂桃符曰：「爾已半截入土，安敢更與吾較高下乎？」桃符怒，往復紛然不已。門神旁笑而解之，曰：「爾輩方且傍人門戶，更爭閒氣耶！」

「艾人」是用艾草捆紮的假人，五月端午那天插到門上，用來祛病辟邪。艾人在上面，桃符在下面，它們吵了起來。桃符抬頭看著艾人罵道：「你這個草紮的賤貨，憑什麼在我頭上？」艾人低頭看看桃符，說：「你這個半截入土的老不死，怎麼敢和我爭高下？」門神見它們吵得厲害，在旁邊勸解道：「你們

▲（南宋）玉鹿，現藏於臺北國立故宮博物院

不都是傍人門戶嗎？地位都差不多，何必爭這種閒氣！」

你看，桃符在下，且「半截入土」，宋朝桃符的形制躍然紙上，怎麼可能會是貼在門上的春聯呢？

## 宋朝的春聯和門神

搞清楚了桃符，再看看宋朝的春聯。

宋朝春聯其實有兩種，一種是紙質的，一種是木質的。木質的春聯也用桃木來做，兩塊長長的桃木板，刮光，在上面寫字或者刻字，一左一右釘在門框上，第二年春節再取下來，釘上新的。

中國的老傳統，春聯都有橫批，橫批要貼在門楣上。現在貼春聯，橫批都是四個字，或「春光滿院」，或「春回大地」，或「吉祥如意」，或「萬事大吉」，內容五花八門，反正都是吉祥話。宋朝的橫批當然也是四個字，但內容卻是千篇一律：順天行化。

順天，意思是順應上天，不和老天爺鬧彆扭。行化，意思是行事道地，符合教化。「順天行化」這四個字，表達了宋朝人對上天的敬畏和對自己的承諾，希望上天見到這個橫批，一年到頭不找麻煩，風

調雨順，四季平安，不給人間降瘟疫。

這個橫批，在宋朝叫「天行帖兒」，又叫「天行帖子」，它是宋朝春聯的一大特色，現在早已失傳。春聯要貼在門框和門楣上，門神則貼在門扇正中間，宋朝的門神長什麼樣子呢？

宋朝門神以武將居多，例如秦瓊、敬德、關羽、張飛、衛青、馬援……這些在歷史上聲威赫赫的名將，統統被雕版印刷，製成門神，貼到大門上。據岳飛的孫子岳珂介紹，在宋孝宗為死去的岳飛平反昭雪以後，岳飛也成了南宋民間最流行的門神之一。

▲（宋）佚名《壽鹿圖》，現藏於臺北國立故宮博物院

還有一種門神，畫的是鍾馗的肖像。我們知道，鍾馗是一名法力高強的神仙，傳說成神之前是唐朝書生，因為奸臣當道，考進士時金榜落第，一怒之下撞死在金殿上，然後就被封為神仙，負責斬妖除魔，其法力遠遠超過那些歷史上的武將。所以宋朝人也把鍾馗做成了年畫，甚至還把鍾馗的妹妹畫到了年畫裡，俗稱「鍾馗小妹」。

鍾馗小妹名叫鍾花，死後也成了神仙。鍾

馗擅長捉鬼，鍾花則喜歡吃鬼，將小鬼當零食，一天能吃幾十隻，把她的畫像貼到門上，自然也能擋住邪祟：小鬼想進門害人，剛走到大門口，抬頭瞧見鍾馗小妹，唉呀媽呀，這個煞神怎麼在這兒？千萬別被她一口吃了，趕緊逃吧！

無論是武將門神，還是鍾馗兄妹，都屬於防禦型的，寓意都是驅鬼避邪，保護人類。宋朝還有一種門神，不為防禦，只為討個好彩頭，例如宋人筆記中常常提到的「財門鈍驢」和「回頭鹿馬」，就屬於這種。

財門鈍驢是一頭馱著兩大筐乾柴的胖驢。因為胖，所以遲鈍，故名「鈍驢」。又因為這頭鈍驢馱著乾柴，「柴」與「財」諧音，故名「財門鈍驢」。過年的時候在大門上貼一張財門鈍驢，寓意來年發大財。回頭鹿馬是一隻扭頭回望的鹿。「鹿」與「祿」諧音，把這隻鹿貼到大門上，寓意祿神照命，孩子長大能做官。

時至今日，財門鈍驢和回頭鹿馬均已失傳，我們現代人更喜歡那種畫著胖娃娃抱金魚的年畫，寓意年年有餘。畫雖不同，討取吉利的意圖和宋朝是一樣的。

現代人貼春聯、貼門神，要麼在臘月二十九，要麼在臘月三十，近年來還能見到一些急性子的朋友，在臘月二十八之前就把門神給貼上了。據某些命理大師講，貼門神也是要講究好日子和好時辰的，五行

缺水的人應該選擇水日，五行喜火的人應該選擇火日。如今還有人將貼門神的時間和星座掛上鉤，白羊座適合什麼時辰，射手座適合什麼時辰，都有一番學問。估計再過幾年，興許會有人一入臘月就開始貼門神，不為別的，就為迎合自己的八字和星座。

宋朝人並非不信命，事實上，宋朝是八字推命剛剛盛行的朝代（此前的朝代只流行六字推命，即只用出生年月日排盤，不考慮時辰），痴迷此道的士大夫多如過江之鯽，如范仲淹、歐陽修、沈括、王安石等學問淵博之士，都對推命之學深信不疑。不過當時還沒有發展到把門神和命相扯到一處，無論水命人還是火命人，都不約而同地選擇在大年初一那天早晨更換門神。

門神之所以誕生，最初是為了驅鬼，不讓各種神怪闖進家門。所謂「各種神怪」，不僅僅限於惡鬼，也包括家中的百神，甚至還包括祖先的鬼魂。如果像我們現在這樣，春節之前就貼上門神，惡鬼進不來，祖先也進不來了。您把祖先擋在門外，除夕祭祖不等於白祭了嗎？供桌上擺滿了香燭、春盤和餺飥，就為了讓祖先享用，祖先正要進門，卻被秦瓊、敬德、神荼、鬱壘以及捉鬼的鍾馗和吃鬼的鍾馗小妹嚇得連連倒退，扭頭就跑，這不等於捉弄祖先嗎？

宋朝人懂得這個道理，所以他們選在大年初一貼門神，那時候祖先已經享用完了供品，趕緊把門神貼上，擋住外面的惡鬼。

當然，祖先的鬼魂未必存在，可是既然我們鄭重其事地祭祀，就應該做到「祭神如神在」。從這一點上說，宋朝人比我們懂規矩。

## 把春節過成萬聖節

陸游詩云：

扶持又度改年時，耄齒侵尋敢自期。
中夕祭餘分餺飥，黎明即起換鍾馗。

新的一年又到了，陸游的年紀也愈來愈大了，除夕祭祀祖宗，和家人一起吃餺飥。第二天，也就是大年初一，早早地起床，把門神貼上。

大年夜吃餺飥，餺飥是什麼東西呢？後文講到年夜飯，會有詳細介紹。在這個小節裡，我們先研究研究為什麼要「黎明即起換鍾馗」。

▲古中國木版設色年畫《神荼鬱壘》，現藏於日本早稻田大學圖書館

「鍾馗」代指門神。大年初一，天剛濛濛亮，就爬起來貼門神，連個懶覺都不能睡，為什麼？兩條原因。

第一，為了把惡鬼擋在門外。前面說過，無論是畫著武將的門神，還是畫著神仙的門神，理論上都能驅鬼，鬼想進門搗蛋，剛走到大門口，就看見威風凜凜的兩尊門神，肯定嚇得抱頭鼠竄。

第二，為了把窮鬼擋在門外。

所謂窮鬼，就是乞丐。大年初一那天早上，如果門神貼晚了，這些乞丐會扮成鬼，到你家裡要錢。假設您是一個宋朝人，一覺睡到大年初一，早晨起來出門上街，忘了貼門神。那麼在打開您家的大門之前，建議一定要做好充分的心理準備，以免被嚇昏過去。

開個門而已，怎麼會嚇昏呢？原因很簡單，當您打開那扇門的時候，門口很可能突然冒出來幾個乞丐，化了妝，戴了面具，青面獠牙，血盆大口，尖叫著向您猛撲過來。

這時候您千萬不要怕，最好從腰包裡摸出一把銅錢，朝那些乞丐撒過去。常言說得好，有錢能使鬼推磨，您只要掏錢，鬼就會撤；您如果不掏錢，鬼會一直纏著，堵在您的家門口，不讓您離開。掏過錢，趕緊把門神貼上，其他乞丐再經過時，就不會再來討錢了，這是他們的職業規矩。

《夢粱錄》記載：

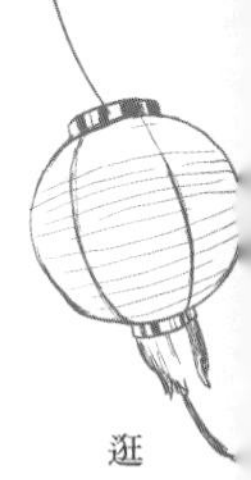



街市有貧者，三五人一隊，裝神鬼判官、鍾馗小妹等形，敲鑼擊鼓，沿門乞錢，謂之「打夜胡」。

「打夜胡」是宋朝方言，又名「打野呵」，本義是指流動藝人沿街串戲，沒有固定的演出場地，靠過往觀眾賞錢度日。乞丐並非藝人，但是身為職業乞丐，身上都有絕活，有的會翻跟斗，有的會拉胡琴，有的會唱蓮花落，有的會戴上面具扮鬼嚇人。平日裡靠扮鬼嚇人討錢，只能挨一頓打，可是到了大年初一，卻能為街坊討吉利——街坊出錢讓他們離開，就等於是真正的惡鬼被趕走了，可以平平安安過大年了。

《夢粱錄》又寫道：

禁中除夜，呈大驅儺儀，並系皇城司諸班直，戴面具，著繡畫雜色衣裝，手執金槍、銀戟、畫木刀劍、五色龍鳳、五色旗幟，以教樂所伶工裝將軍、符使、判官、鍾馗、六丁、六甲、神兵、五方鬼使、灶君、土地、門戶、神尉等神，自禁中動鼓吹，驅祟出東華門外，轉龍池灣，謂之「埋祟」而散。

大年初一頭天晚上，民間小兒女正在守歲的時候，從皇宮裡浩浩蕩蕩開出來一隊神神鬼鬼。這批神鬼由御林軍和教坊司藝人裝扮，可比初一早晨扮鬼討錢的那些乞丐專業多了。他們除了戴面具，化了彩妝，身上穿著戲服，手裡還拿著兵器和彩旗，有扮天兵的，有扮天將的，有扮判官的，有扮閻羅的，有扮灶君的，有扮土地公的，有扮鍾馗的，有扮小鬼的，臉上五顏六色，旗幟五彩繽紛，彷彿百神聚會，

又像群魔亂舞。

在一陣鼓吹聲中，這隊人馬出了皇宮，繞城遊行。假如我們在除夕來到宋朝京城，看見迎面走來無數神鬼，真有可能以為選錯了時間，沒趕上春節，卻趕上了萬聖節。

從民俗學的角度講，無論是新年早晨的乞丐扮鬼，還是除夕夜裡的神鬼遊行，其實都是上古儺戲的遺風。什麼是儺戲？就是用人扮鬼，演一場驅鬼的鬧劇，以此來恐嚇真正的鬼。

## 讓小孩長高，把懵懂賣掉

前文說，正月初一凌晨，離天亮還有兩個小時的時候，一些宋朝人會在門外刨坑，埋入麵蛇、豆子和雞蛋。

離天亮還有兩個小時，正是五更時分。我們知道，古人將一夜分成五段，每段稱為一更，每更大約兩個小時。天黑以後，頭兩個小時是一更，再兩個小時是二更，再兩個小時是三更，再兩個小時是四更，等到進入五更，離天亮就剩差不多兩個小時了。

正月初一那天，五更那兩個小時非常重要，除了刨坑埋東西、插柳枝、釘桃符、貼門神，竟然還能讓孩子長高。

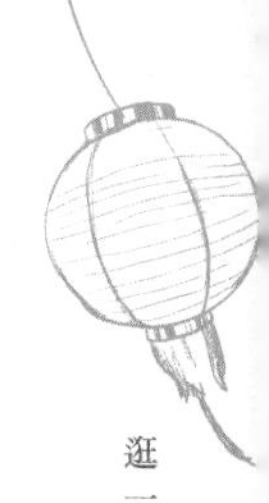



《歲時雜記》記載：

> 小兒生太短者，元日五鼓就廁旁偃臥，從足倒曳跬步許。太長者，則以木杴[3]拍其頭。

小孩長得太矮，比同齡人發育晚，怎麼辦？好辦。正月初一五更時分，讓孩子躺在廁所旁邊，攥住他的腳，在地上拖動一、兩步，等過了春節，這孩子的個頭就會嗖嗖地往上竄，像吃了仙丹一樣。

假如小孩長得太高，不想讓他繼續長呢？也有辦法，還是正月初一五更時分，用木杴去拍孩子腦袋。當然，拍的時候不能太用力，萬一把孩子打成腦殘，罪過可就大了。

假如孩子的腦子本來就笨，有沒有辦法讓他變聰明呢？《歲時雜記》裡同樣有祕訣：

> 元日五更初，猛呼他人，他人應之，即告之曰：「賣與爾懵懂！」口吃亦然。

▲（宋）李嵩《豐年民樂圖》，現藏於臺北國立故宮博物院

還是正月初一，剛到五更那會兒，讓這個笨孩子大聲向別人打招呼，別人如果回應，這孩子馬上喊道：「我把懵懂賣給你了！」懵懂就是糊塗，糊塗就是笨，據說這樣一來，笨孩子就成了聰明孩子，就像真把愚笨賣給別人了一樣。

如果孩子口吃，也用同樣的方法，先和人打招呼，別人一回應，這邊就說：「我……我把……我把口吃……賣……賣……賣給你了！」想想這個畫面，挺好玩的。

我估計，宋朝人也未必真的相信這些，大年初一起個大早，搞搞這些小遊戲，討個吉利，湊個熱鬧，好玩的成分更多一些。

當然，也有一些特別迷信的傢伙，試圖透過新年來預見一整年。

3 木杴，一種農耕工具。似鍬，前端方闊。用於拌散肥料或鏟取穀物。

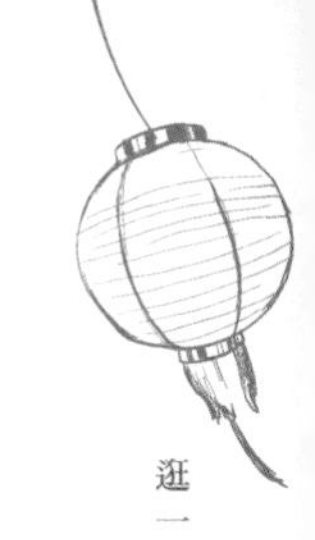



據《歲時廣記》第五卷記載，正月初一那天，家裡如果養牛的話，去牛棚裡看看，如果牛隻們都站著，預示這一年會大豐收；如果牛隻們都臥著，預示田裡長滿雜草，收成很壞；如果牛有站有臥，那麼這一年的收成不好也不壞，是個平常年。

還有一種占卜方法，見於《歲時廣記》第一卷，透過正月裡頭幾天的天氣來占卜這一年的收成：

正月朔雨，人食一升；二日雨，人食二升；三日雨，人食三升；四日雨，人食四升；五日雨，主大熟；五日內霧，穀傷民饑；元日霧，歲必饑。

正月初一下雨，每人每天只能分到一升口糧；正月初二下雨，每人每天可以分到二升口糧；初三下雨，三升口糧；初四下雨，四升口糧；初五下雨，五升口糧。五升就是半斗，正常人根本吃不完，說明這年大豐收。假如從初一到初五有霧天，田裡莊稼歉收，百姓填不飽肚子；假如初一那天就是霧天，這年必定是荒年，大夥就等著挨餓吧！

俗話說：一年之計在於春，一天之計在於晨。這句俗語用來說明一年的開始很重要，一天的開始很關鍵，必須起個好頭，然後才能順風順水。但是在迷信的宋朝人心目中，一年之計全在新年伊始，新年下一場雨，起一場霧，包括牲畜在新年裡是站還是臥，都會影響到整整一年的生存境況，使得宋朝新年在一派熱鬧祥和中散發出濃濃的巫術味道。

這股巫術的味道甚至還能在宋朝人的頭頂上聞到。

《歲時雜記》上說：「元旦以鴨青紙或青絹，剪四十九幡，圍一大幡，或以家長年齡戴之，或貼於門楣。」大年初一那天，用青綠色的紙張或者絲綢，裁成四十九根長條，編成一副大綵，懸掛在門楣上。或者根據戶主的年齡，戶主四十歲就裁四十根，戶主五十歲就裁五十根，編成大綵，讓戶主戴到頭頂上。

《歲時廣記》上說：「正月一日造華勝以相遺。」人們用紙張或者絲綢剪裁出巨大的花飾，正月初一那天送給親友，讓他們戴到頭上。蘇東坡有詩：「蕭索東風兩鬢華，年年幡勝剪宮花。」東坡邁入老年，兩鬢斑白，每年春節，依然頭戴華勝，把腦袋裝扮得花枝招展。

又據《夢粱錄》記載，南宋過年時，皇帝會賜給大臣華勝，用絲綢和金銀絲製成，工藝精巧，造型多種，既有各式花朵造型，又有蝴蝶、飛蛾、燕子、雄雞等動物造型。初一那天，群臣進宮向皇帝拜年，都戴著新賜的華勝，四方步一邁，金銀絲亂顫，頭頂上的「蝴蝶」、「飛蛾」和「燕子」撲棱棱舞動雙翅，彷彿要飛起來的樣子。

戴這些華勝有什麼用呢？除了美觀喜慶，也有消災避禍的意圖。華勝的華，指樣式華美；華勝的勝，是克敵制勝。克什麼敵？不是契丹、女真、黨項，而是疾病、災禍、鬼怪。

## 過年不吃餃子，吃餺飥

北方人過年一般要吃餃子，南方人過年一般要吃湯圓，宋朝人過年吃什麼呢？吃餺飥。

陸游不是在詩裡寫過嗎？「中夕祭餘分餺飥。」大年夜祭祖，然後吃團圓飯，吃什麼？吃餺飥。

餺飥其實是很簡單的麵食，本來由北方遊牧民族發明製作，在魏晉南北朝時期傳入中原。它最初的做法是這樣的：用清水和麵，不加酵粉，將麵團揉光以後，搓成條狀，再掐成半指長的小麵段，然後將小麵段放入掌心，用另一手的大拇指由近及遠這麼一搓，將厚厚的麵段搓薄，搓成兩頭翹、中間凹的小笆斗或者兩頭尖、中間扁的柳葉舟，放在菜羹裡煮熟。

進入宋朝，手擀麵大行其道（擀麵杖早在先秦就已被發明出來，但一直用於做餅，以擀切方式做麵的習慣直到北宋才出現），手搓而成的原始麵食餺飥眼見不是對手，灰頭土臉地退出歷史舞臺，但是宋朝人出於語言上的強大慣性，繼續將手擀麵稱為餺飥。

也就是說，宋朝的餺飥其實就是麵條，用菜羹或肉羹煮熟的麵條。這種麵食做法簡易，無需過水，無需打鹵，無需澆頭（配料），無需配菜，一把麵條放入沸騰的羹湯，一會兒就煮熟了，盛出來就可以吃。

▲現代泥塑再現宋朝小販挑擔叫賣場景，攝於河北唐山麻龍灣《清明上河圖》泥塑園

在南宋中葉，上述做法傳入日本，所以日本人也把用羹湯煮熟的麵條叫做餺飥。

當然，過年不能光吃餺飥，還得吃其他東西。宋朝春節的餐桌和現在一樣，也是堆簇杯盤，葷素俱全，其中比較有特色的食物，一為「五辛盤」，一為「百事吉」。

將韭菜、芸薹、芫荽洗淨，撕開，不切斷，在盤子裡擺出好看的造型，然後再拌以臘八當天醃漬的大蒜和藠頭，最後在這堆蔬菜的中間插一根線香，線香頂端黏一朵紙花即可。因為這盤菜共含五種蔬菜，而且這五種蔬菜氣味辛辣，故此以「五辛」為名。

五辛盤在隋、唐時期頗為流行，唐朝人除夕祭祖，供桌上必放五辛盤。祭祀之後，拔掉盤子中間的線香和紙花，轉移到年夜飯的餐桌上，全家人一起分享，據說可以祛病，能保來年百病不生。

宋朝生產力相對進步，食物相對豐富，祭祖的春盤不只五辛，也有臘肉和其他蔬菜。宋朝人喜歡用蘿蔔和生菜來製作春盤：蘿蔔去皮切絲，生菜撕成長段，一同擺放到盤子裡，綠白分明，煞是好看，再插上紙花和綢花，更有一股喜慶氣氛。

除了五辛、蘿蔔和生菜，別的蔬菜也可以製作春盤。蘇東坡有詩云：「漸覺東風料峭寒，青蒿黃韭試春盤。」這是用青蒿做春盤。青蒿是一種野菜，葉片青綠細碎，味道清鮮微甜，有清肝明目之功效，俗名「茵陳」。

還有用豬肉和主食製作五辛盤的。例如《歲時廣記》記載，宋朝宮廷廚師將臘肉蒸熟，切成細絲，在盤中擺出花型；或將油餅、饊子、麻花、饅頭擺入大盤，壘出金字塔形狀，中間插以金銀絲紮成的花朵。

「百事吉」是宋朝人過年時在餐桌上擺放的一種利市，這種利市是這樣的：將柿子、橘子和柏枝放到同一個盤子裡，先將柏枝折斷，再依次掰開柿子和橘子，是為「柏柿橘」，寓意「百事吉」。

但是古代的水果保鮮技術相對落後，在寒冷的北方，柿子和橘子未必總能買到，於是聰明的市井小販在過年時推出「百事吉結子」：在綢布上繡以柏枝、柿子、橘子，打成中國結，賣給老百姓。到了吃年夜飯的時候，全家人一起解開這個結子，再掛到屋梁上，也能獲得「百事吉」的好意頭。

## 初一到初七，雞日到人日

南宋狀元王十朋寫過一首〈人日喜晴〉：

元日至人日，幸無陰晦時。
因思董勳問，卻異少陵詩。
遙想水披凍，坐看梅滿枝。
明朝如得雨，正與穀相宜。

從元日到人日，天天都是好天氣，王十朋想起董勳的提問，又寫了一首與杜甫有區別的小詩。遙想遠處河水結冰，坐看近處梅花滿枝，明天要是能下點兒小雨，那絕對是莊稼的福氣。

何謂「元日」？正月初一。何謂「人日」？正月初七。

魏晉文人董勳寫過一篇〈問禮俗〉，將正月的頭七天分別定為雞日、狗日、豬日、羊日、牛日、馬日、人日。也就是說，初一對應雞，初二對應狗，初三對應豬，初四對應羊，初五對應牛，初六對應馬，初七對應人。這七天當中，如果哪天是壞天氣，就預示著所對應的那種動物在新的一年裡會倒大楣。

唐朝詩人杜甫則寫過一首〈人日〉：「元日到人日，未有不陰時。冰雪鶯難至，春寒花較遲。」初

一到初七一直是陰天，氣溫沒有回升，遍地冰雪，鳥兒不來，花兒不開，搞得杜甫心情鬱悶。

王十朋是狀元，當然有學問，既讀過董勳的〈問禮俗〉，也讀過杜甫的〈人日〉詩，所以他在詩裡分別引用了這兩個典故。「因思董勳問」，因此想起董勳的〈問禮俗〉；「卻異少陵詩」，他寫詩時的天氣和杜甫寫詩時不一樣，杜甫那時候天天陰天，他這時候天天晴天，所以杜甫很鬱悶，他很開心。

比王十朋稍晚，又有南宋文學家洪邁在著作《容齋五筆》也提到雞日、狗日、人日之類的說法。洪邁還補充道：「七為人，八為穀。某日晴，則所主之物育，陰則災，……八日為穀，所繫尤重。」初七是人日，初八是穀日。從初一到初七，哪天的天氣晴好，那天對應的動物就能快樂地繁育；哪天的天氣陰晦，那天對應的動物就會面臨災害。初八對應農業作物，農業是人民得以活命的根本，所以這天的天氣尤其重要。初八天氣好，農業收成就好；初八天氣壞，農業收成就壞。

▲（宋）佚名《山羊圖》，現藏於臺北國立故宮博物院

不過就農業而言，天氣好壞可不是只看陰晴那麼簡單。晴朗而乾旱，對莊稼就不好；陰雨而洪澇，對莊稼也不好。比較理想的天氣，是晴而不旱，雨而不澇，春雨如織，細雨如絲，隨風潛入夜，潤物細無聲，哪年正月初八要是恰好能碰上這種天氣，農民伯伯就偷著樂開懷吧！

所以王十朋最後兩句詩寫道：「明朝如得雨，正與穀相宜。」頭七天一直晴，很好；初八要是能再下點兒雨，豈不更好？豈不預示著一年的好收成嗎？

當然，我們現在都知道，什麼雞日、狗日、人日、穀日，都是迷信。可是宋朝人信啊，按《歲時廣記》第九卷記載，大年初一那天，人們「畫雞於門」——初一是雞日嘛，所以在門上畫雞；正月初七那天，人們「鏤人戶上」——初七是人日，所以在窗戶上刻小人兒。

## 初六送窮

唐憲宗元和六年（八一一年）春節，大文學家韓愈寫了一篇〈送窮文〉，大意如下：

正月晦日這天，我（韓愈）讓奴僕送窮，吩咐他們用柳枝編馬車，用稻草紮小船，並往車廂和船艙裡準備乾糧。一切準備停當，我向窮鬼作了三個揖，說：「已經給您準備了一輛車、一艘船、一碗飯、一杯酒，您吃好喝好，趕緊上路吧。」

我剛說完這句話，忽然從外面刮來一陣狂風，刮得雞飛狗跳、天昏地暗，空中似乎還隱隱傳來鬼哭狼嚎的聲音，使我渾身汗毛直豎起來。這陣風過後，眼前那隻用泥土塑成的窮鬼忽然說話了：「哥兒們，幹嘛趕我走呢？你難道不知道我陪伴你四十多年了嗎？自從你來到這個世上那天起，我就一直跟著你。你走路時，我在你身邊；你讀書時，我在你身邊；你下田種地，我在你身邊；你進京求官，我在你身邊；你們家的灶君趕我走，我在你身邊；你們家的門神趕我走，我還在你身邊。我陪了你這麼久，和你的感情比任何人都要深厚，任何人都拆散不了我們，任何神都別想讓我離開。我是你最忠實的奴僕，是你最親密的夥伴，你怎麼能捨得趕我走呢？」

我聽窮鬼講完這一大堆甜言蜜語，並沒有中計。我指著窮鬼的鼻子，聲色俱厲地喝道：「別以為我傻，我早就識破你們這些窮鬼的真面目了！你們有的是智窮鬼，讓人忠厚老實；有的是學窮鬼，讓人清高自負；有的是文窮鬼，讓人寫不出歌功頌德的馬屁文章；有的是命窮鬼，讓人吃虧在前，享樂在後，好事輪不到，壞事自己扛；有的是交窮鬼，讓人處處碰壁，飽受奸詐小人的欺侮與陷害。總而言之，你們這些窮鬼沒一個好的，你們無論跟著誰，誰都會倒一輩子楣，永遠受窮受氣，一輩子過不上好日子。」

面對我的斥罵，窮鬼非但不生氣，還鼓掌大笑，笑得前仰後合，一副很開心、很自豪的樣子。然後他又以大人教訓小孩的口氣對我說：「小韓啊小韓，我本來以為你很聰明，哪知道你竟然這麼笨！你剛

才講的那些都沒錯，我們窮鬼確實能讓人忠厚老實、性情耿直、難以飛黃騰達、只能到處碰壁，可是你不覺得這樣挺可貴嗎？我們跟著你一生，你一生都是君子；我們不跟著你，你很快變成小人。你說到底是富貴的小人可貴呢？還是清貧的君子更可貴？」

我思索了好一陣子，最後只能垂頭喪氣地向窮鬼道歉：「我錯了，再也不趕你走了。」於是窮鬼又得意地附到了我身上。

很明顯，韓愈這篇文章的重心並不是送窮，而是諷刺社會的不公：在善惡顛倒的專制社會裡，一個人要想有錢，就要丟掉良知，去當混蛋；而要想保持良心呢，就只能安安生生做一個窮光蛋了。

不過我們也可以從他的文章裡看出一些社會習俗來：第一，唐朝流行在春節期間送窮；第二，送窮的日期是正月晦日；第三，送窮需要道具，主要道具是柳枝編成的馬車和稻草紮成的小船，用於讓窮鬼乘坐。

正月晦日送窮的習俗在唐人詩句裡也有反映。如姚合〈晦日送窮〉：「年年到此日，瀝酒拜街中。萬戶千門看，無人不送窮。」到了正月晦日那天，家家戶戶都送窮。再如李郢〈正月晦日書事〉：「詩書奴婢晨占鵬，鹽米妻兒夜送窮。」送窮的具體時間是正月晦日那天夜裡。

何謂「正月晦日」？正月的最後一天是也。農曆月分有大有小，大月三十天，小月二十九天，所以

唐朝人一般是在正月三十或者正月二十九送窮。

晚唐畫家陳惟岳繪有《送窮圖》，原圖已經找不著了，宋朝文人董逌在《廣川畫跋》中描述過這幅圖：「其畫窮女，形露湿溙，作伶仃態，束芻人立，曳薪船行。」圖上畫的窮鬼是女性裝扮，身形極瘦，皮包骨頭，穿得破破爛爛，腰間束一根草繩，身後拖著一艘運送乾柴的小木船。這說明至少在晚唐時期，人們心目中的窮鬼就是長這個樣子。

已故國學大家章太炎先生的老師俞曲園早年編訂《茶香室三抄》，收錄了宋朝無名氏〈臨江仙〉一闋：

正月月夕盡，芭蕉船一只。燈盞兩只明輝，輝內更有筵席。奉勸郎君小娘子，飽吃莫形跡。每年只有今日，日願我來稱意。奉勸郎君小娘子，空去送窮鬼，空去送窮鬼。

這是一闋描寫宋朝送窮情形的詞，詞意簡單明瞭：在正月最後一天的夜裡，人們用芭蕉葉做小船，船上燃燈，燈下設宴，將窮鬼放在船上，送其遠去。

「郎君小娘子」是對窮鬼的稱呼，說明窮鬼在宋朝人心目中的形象可能不再是單身女子，而是一對年紀很輕的少年夫婦了。

三里不同俗，十里不同風，兩宋延續三百年，疆域跨越幾千里，習俗不可能完全一樣。據金盈之《新

編醉翁談錄》，北宋開封流行在正月初六那天送窮：

初六日……探聚糞壤，人未行時，以煎餅七枚覆其上，棄之通衢以送窮。

初六凌晨，大多數人還沒出門的時候，從院子裡的垃圾堆上鏟起一鏟子糞穢之物，用七張小煎餅蓋在上面，鏟到大街上，往地上一倒，扭頭回家，送窮的儀式就結束了。

看來北宋開封人將送窮儀式簡化到了極致，一不用編馬車，二不用紮小船，三不用為窮鬼塑像，四不用為窮鬼備辦宴席，一鏟糞土就是窮鬼的化身，七張煎餅就是窮鬼的祭禮。

祭禮簡化是好事，省錢省時又省力，但是將家裡的糞土鏟到街上去，卻破壞公共衛生，有悖公序良俗，絕對不值得提倡。

另外，如此送窮也涉嫌浪費糧食。中國古人祭祀，無論是祭神還是祭祖，祭後都會「散福」，也就是將供品分掉，大家分而食之，並不浪費。可是像北宋開封這樣，七張煎餅覆蓋於糞土之上，再丟棄於大街正中，肯定無法散福，即使是沿街討食的乞丐見了，也不太可能回收利用的——畢竟太髒了嘛！

## 初七探繭

金盈之《新編醉翁談錄》又載：

人日，造麵繭，以肉或素餡，其實厚皮饅頭，酸餡也。……餡中置紙簽，或削作木，書官品，人自探取，以卜異時官之高下。

正月初七，宋朝人以麵繭為主食。麵繭有包肉餡的，也有包素餡的，其實就是厚皮包子，通常叫做「酸餡」。包酸餡時，包進去一張小紙條或者小木牌，上寫官銜。酸餡蒸熟了，分給小孩子吃，小孩子一口咬下去，把牙硌了，掰開一瞧，是一根小木牌，上面刻著四個字：「戶部尚書。」爸爸、媽媽大喜：「好小子，有福氣，長大了能當財政部長！」

酸餡是麵繭的一種。

何謂「麵繭」？兩頭尖尖，中間略鼓，底下平平，頂端有稜，是一種形態古怪的厚皮包子。

南宋詩人范成大描寫過麵繭的造型：

兩頭纖纖探官繭，半白半黑鶴鶩緣。

腷腷膊膊上帖箭，磊磊落落封侯面。

「兩頭纖纖探官繭」，說明麵繭兩頭尖尖、中間略鼓，是一種長包子。為何管這種包子叫「麵繭」呢？因為它的樣子像蠶繭。

現在河南農村仍然有那種好似蠶繭一樣的長包子，做法極其簡單：將半發酵的麵團掐成小團，一一

拍扁，擀成圓圓的、和手掌差不多大的麵皮，托在手中，放上餡兒，將兩條弧邊對折、合攏、捏緊，再讓麵皮繼續發酵，待包子發得圓鼓鼓的，上籠蒸熟。坦白說，整個過程極像包餃子，只不過餃子用死麵，不用發麵，一般煮熟，不是蒸熟，而且皮也沒這麼厚，更沒這麼大罷了。

在今日河南，老百姓管這種包子叫「角子」，因為它兩頭尖尖，有兩個角，故此得名。事實上，宋朝人有時候也管它叫角子，南宋夜市上有一種「水精角兒」，就是用燙麵做皮的半透明狀長包子，因為半透明，能看見裡面的餡料，好像水晶，所以叫水精角兒。一部分研究宋朝飲食的朋友不明真相，望音生義，誤以為水精角兒就是水晶餃子，進而下結論說宋朝人就管餃子叫角子，實在是大錯特錯。宋朝當然有餃子，可是宋朝人只稱其為「餛飩」。宋朝當然也有餛飩，可是宋朝人卻稱其為「餶飿」。兩宋三百年，「餃子」一詞從未誕生。

簡言之，角子即是麵繭，而麵繭卻不完全等於酸餡兒。酸餡兒的外形雖然可以斷定是兩頭尖尖的長包子，但未必所有的長包子都是酸餡，只有包了酸餡，它才得以成為酸餡。

照我們現代人的常識，包子餡可葷可素，可鹹可甜，唯獨不應該酸，如果餡都酸了，那表示包子壞了，沒有人會吃。可是我們不能用今人之心度古人之腹，我們不愛吃酸餡，不代表宋朝人不愛吃。

宋朝有一種飲料叫「漿水」，其實是發酵過後的米湯，再加點兒糖，回鍋熱一熱。米湯稍作發酵，

味道是酸的，酸中帶些甜，並且略有酒味，加糖回鍋，口感甚佳。現代中國當然不流行這種飲料，可是在韓國卻很流行，不知道是不是繼承了宋朝的逸風。

宋朝有一種米飯叫「水飯」，它和今日中國東北農村的過水米飯完全不同，是用熟米和半發酵米湯配製而成的稀粥，味道同樣是酸的，酸中略微帶些甜。

同樣的，宋朝人加工包子餡，一樣可以將餡料發酵一下，使其形成獨特的酸味，然後再包成那種兩頭尖尖的長包子，這才是真正的酸餡。

為了驗證發酵後的餡料能不能食用，我曾用泡發的腐竹、摘蒂的木耳、洗淨切絲的小白菜做了一盆包子餡，撒上作料，醃半小時，再用保鮮膜密封，常溫下擱置一天一夜，第二天打開，酸氣撲鼻，然後用這種酸餡包了一鍋長包子。您猜怎麼著？蒸出的包子鼓鼓的，口感更加鬆軟，餡料更加爽口，連吃了四頓，也沒有拉肚子。

金盈之《新編醉翁談錄》寫得明白，酸餡的餡料或葷或素，我為啥只用蔬菜做實驗，而沒用肉餡呢？主要是因為肉比較貴，實驗成本比較高，萬一發酵失敗，我會挨老婆的罵；其次，在宋人詩話中，酸餡這種食品通常都是寺廟的常餐，以至於蘇東坡在諷刺和尚詩歌的時候，會說「有酸餡氣」。和尚大多食素，所以酸餡必然也是以素餡為主的。

前面說過，正月初七包酸餡的時候，宋朝人會包入紙條或者小木牌，紙條和木牌上寫著官銜。當然，大多數酸餡裡面是沒有紙條和木牌的，鑑於其中的運氣成分很高，所以正月初七吃酸餡又叫「探酸餡」，別名「探鬮」。

記得我小時候，北方人過年包餃子，常常包進去一些硬幣，如果哪個小孩能吃到包了硬幣的餃子，就會開心地跳起來：「媽媽、媽媽，我吃到錢了，我將來會很有錢！」其場景及寓意和宋人在正月初七探鬮是非常相近的。

但是從安全角度考慮，今人往餃子裡包硬幣遠不如宋人往酸餡裡包木牌。您想啊，硬幣很小，萬一小孩子吃得急，一口吞下肚去，那可就慘了；而木牌要大得多，甭說小孩，大人也不可能一口吞下肚，探鬮的時候最多硌了牙，沒有大礙。

## 打春牛和搶春牛

近一千多年來，中國曆法一直將春節做為一年的開端，無

▲（清）黃鉞《土牛鞭春圖》，現藏於臺北國立故宮博物院

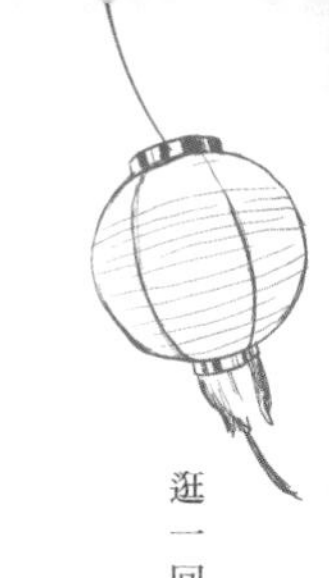



論舊曆還是新曆，都是這樣子。可是按照命理學家的演算法，無論是西曆新年的一月一日，還是農曆春節的正月初一，都不能算是一年的開端，真正的開端應該是立春。

立春是節氣，二十四節氣當中的第一個節氣，這個節氣出現在西曆的二月上旬，相當於農曆的正月上旬或者臘月下旬，有時候比農曆春節早，有時候會比農曆春節晚。

比如說，二〇一〇年立春是上一年的臘月二十一，比春節來得早；二〇一一年立春是這一年的正月初二，比春節來得晚；二〇一二年立春是這一年的正月十三，比春節更晚；二〇一三年立春是上一年的臘月二十四，比春節要早；二〇一四年立春是這一年的正月初五，又比春節來得晚……

前面囉哩囉嗦一大堆，又是西曆又是農曆，我估計大家早聽煩了，下面介紹一些不太枯燥的風俗。

北宋時期，每年立春前五天，各府、各州、各縣的衙門都要請來工匠，塑造一頭巨大的土牛、一個趕牛的農夫、一套農具。這些器物全是泥塑，外面還要塗抹顏料，盡可能讓它們看起來逼真一些。那頭土牛要塗四彩。哪四彩？紅、黑、青、白。四彩分屬四方：紅屬火，在南方；黑屬水，在北方；青屬木，在東方；白屬金，在西方。四種顏色分別塗抹在牛頭、牛尾、牛腹、牛腿之上。具體在哪個部位塗哪種顏色，取決於土牛擺放的方位。

比如說，土牛做好，繩捆木抬，運到縣衙正門外面的空地上，頭朝東或者朝西放著。假如牛頭朝東，

則牛頭塗青，牛尾塗白。假如牛頭朝西，則牛頭塗白，牛尾塗青。不管牛頭朝東還是朝西，牛肚子南側都塗紅，北側都塗黑。另外，地方官還會根據牛頭朝向的位置，再設一個祭祀農業之神的先農壇。

立春那天黎明，地方長官率領屬下從衙門出來，在先農壇前叩頭祭祀，請農神保佑當地四季平安，五穀豐登。然後，長官拿起一根用彩色絲線纏裹得花花綠綠的木杖，繞著土牛走一圈，用木杖在牛屁股上連打三下，寓意是趕牛下地，催牛耕田，這叫「打春牛」。

長官打完春牛，帶屬下回衙，這時候旁邊已經圍滿了看熱鬧的市民和專門進城觀禮的農民，圍得裡三層外三層，黑壓壓望不到邊。這些老百姓見官吏們回去了，一窩衝上去，將那頭土牛推倒在地，掰腦袋的掰腦袋，拽大腿的拽大腿，薅牛尾巴的薅牛尾巴，眨眼之間就把一頭小山一樣的春牛瓜分乾淨，喜滋滋地抱著搶到手的那塊土疙瘩回家去了。

地方官打春牛是為了勸耕，體現了古代官府的重農意識，可是老百姓搶春牛是為了什麼呢？人人都知道那牛是假貨啊，泥捏的，不能吃啊！

《歲時廣記》第八卷解釋如下：

立春鞭牛訖，庶民雜環如堵，頃刻間分裂都盡，又相攘奪，以至毀傷身體者歲歲有之。得牛肉者，其家宜蠶，亦治病。……取春牛泥，撒簷下，蚰蜒不上。

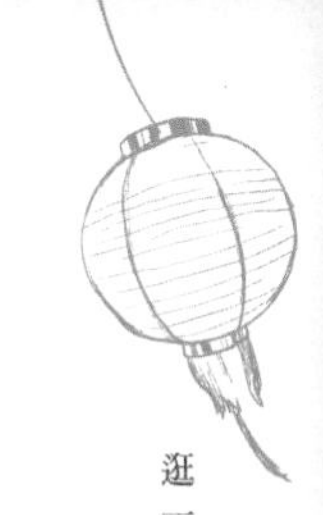



立春那天，官員打春牛，百姓搶春牛，有的搶到了，有的沒搶到，沒搶到的又搶那些搶到的，因而打起來，因而打傷身體，這種事情年年都有。這些老百姓為啥要拚命去搶一塊土呢？因為他們迷信，迷信附著在春牛上的官權和神權。他們天真地認為，誰家搶到了春牛身上一塊土，這一年的蠶桑就很順利，家裡老小生了病，掰下一小塊春牛土熬藥，能讓病人痊癒。並且春牛還有祛除毒蟲的功效，將春牛土撒到屋簷下，蚰蜒不敢往上爬。

又據《東京夢華錄》記載，北宋開封老百姓在立春那天還盛行互贈「小春牛」，當然也是泥塑製品，個頭像小貓那麼大，底下用一塊刮得溜光水滑的木板當基座，基座上有時還會再放幾個農夫、一棵柳樹、一座小茅屋什麼的，也都是泥塑，與小春牛組合成一派田園風光。開封府衙附近有許多商販擺攤出售小春牛，市民們買回去，送給親友，既好玩，又吉利。

# 第二章　正月十五鬧元宵

## 從張燈三天到張燈五天

農曆正月十五，今稱「元宵節」，古稱「上元節」，這個節日可能形成於漢魏時期。關於這個節日的起源，如今有五種說法。

第一種說法，漢文帝時期，貴戚作亂，在正月十五日那天被大臣周勃平定。為了慶祝此事，漢文帝將正月十五定為節日，讓天下臣民歡慶。

第二種說法，漢武帝時期，方士謬忌奏請祭祀東皇太一，從正月十五傍晚開始，宮中要亮燈一整夜，從此形成上元張燈的習俗。

第三種說法，漢明帝時期，佛教從西域傳入中土，西域曆法與中土不同，當地臘月三十恰是此地正月十五，西域臘月三十要燃燈敬佛，中土也受此影響，遂在正月十五燃燈敬佛。

第四種說法，東漢末年，天下大亂，五斗米道興起，傳道者倡言，正月十五，三官下降，天官愛音樂，地官愛熱鬧，水官愛花燈，於是留下正月十五鬧花燈的傳統。

第五種說法，唐睿宗先天二年（七一三年），在長安定居的西域胡人提出申請，希望能在正月十五夜燃放一千盞花燈。當時唐睿宗已經退位，身為太上皇，無事可做，為了熱鬧，批准了這一申請，並下

旨開放城門，徹夜不禁，親自駕臨花燈綻放處觀賞。此例一開，即成慣例，由唐傳入宋，由宋傳入元、明、清……

以上五種說法，到底哪種才是真實可靠的元宵節起源？很慚愧，我才疏學淺，沒有能夠考證出來。反正到了宋朝，元宵節和元宵燈展已經是老百姓習以為常的傳統習俗了。

北宋初年，元宵燈展只有三天，即正月十四、正月十五和正月十六。在這三天的晚上，全國各大城市「金吾不禁」，城門大開，徹夜不閉，街上也沒有宵禁，農民可以自由進城，市民可以徹夜不歸，大家開開心心觀看燈展。可是到了正月十六日的深夜或者正月十七日的凌晨，官府會強令收燈，城門會定時啟閉，官府委派的巡邏隊會在夜晚九點以後盤問甚至鎖拿仍在外面逗留的行人。簡單一句話：過了正月十六，燈展就結束了。

宋太宗太平興國三年（九七八年），割據江南的吳越國王錢俶歸降大宋，將江浙版圖與家國財富雙手奉獻給宋太宗，太宗大喜，遂把第二年的元宵燈展延長了兩天，即正月十四開始、正月十八結束，自此「上元三夕」變成了「上元五夕」。

不過連續五天燈展的政策並沒有普及全國，只有首都可以那樣做，別的州府仍然只能辦三天燈展。大約二十年後，大臣張詠執政四川，平定叛亂，發展經濟，把四川治理得非常富庶。四川士紳都說：我

們這兒有錢，老百姓日子不比京城差，京城鬧元宵開放五天，這兒只有三天，太少了。張詠順應民意，將元宵燈展的開始時間提前了一天，從正月十三開始，仍在正月十六結束，允許四川百姓連著玩耍四夜。

南宋初年，宋、金交戰，宋高宗只顧著逃命，顧不上燈展，直到宋、金議和之後的第三年（一一四三年），才宣布恢復元宵燈展，不過他規定的燈展時間只有三天。為什麼不像北宋京城那樣連鬧五天呢？主要是因為江南城市湧入了大批北方難民，住宅既稠密又簡陋，極容易失火，為了降低火災的發生率，必須縮短燈展的期限。

▲（宋）李嵩《觀燈圖》，現藏於臺北國立故宮博物院

到了南宋中葉，戰事不興，政局安定，杭州、紹興、蘇州、南京等江南城市的街市布局和消防措施已經基本成熟，於是從京城杭州開始，三天燈展又延長到了五天。南宋陳元靚《歲時廣記》云：「杭益先為五夜觀燈，爾後諸郡但公帑民力可辦者，多至五夜。」杭州率先將燈展延長到五天，其他城市也紛

紛效仿，只要有錢，只要辦得起，就一直這樣辦下去。

## 把花燈戴在頭上

三天燈展也好，五天燈展也罷，只要我們在燈展期間來到宋朝，就會驚訝地發現一項奇觀：好多宋朝人竟然把花燈放到頭上，人在街頭漫步，燈在頭上閃爍。

金盈之《新編醉翁談錄》載：

婦人又為燈球燈籠，大如棗栗，加珠翠之飾，合城婦女競戴之。

宋朝的巧手工匠把燈籠打造得像棗子和栗子一般大小，再用珍珠和翡翠做裝飾，晶瑩剔透，光彩奪目，往頭髮上一插，成了最耀眼的飾品。到了元宵燈展的時候，滿城婦女都戴著這樣的燈飾上街。

呂原明《歲時雜記》也有類似記載：

京師上元節以熟棗搗炭，丸為彈，傅之鐵枝而點火，謂之「火楊梅」，亦以插從卒頭上。又作蓮花牡丹燈碗，從卒頂之。

女士們頭上戴燈，男人也一樣。在北宋京城開封的元宵節期間，達官顯

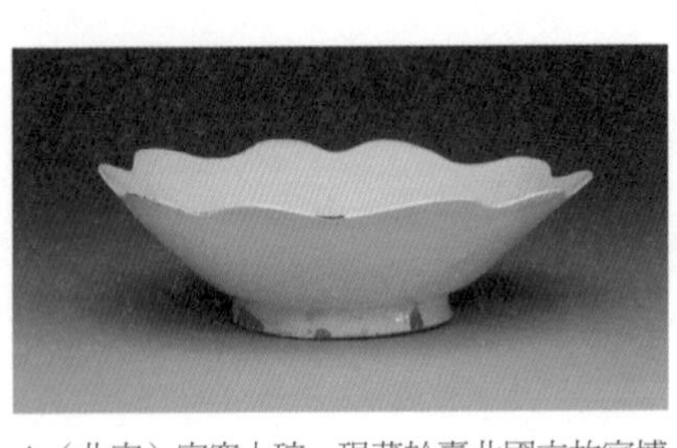

▲（北宋）官窯大碗，現藏於臺北國立故宮博物院

貴和富商大賈出門，身後會跟著一群兵丁或男僕，這些跟班既要負責主人的安全，又要幫主人抖威風。用什麼樣的方式抖威風呢？就是把花燈放到頭上去。他們頭上的花燈分兩種，一種是蓮花狀或者牡丹狀的燈碗，一種是用鐵枝串起來的「火楊梅」。火楊梅是將乾棗磨粉、搗炭為屑，將棗粉、炭屑拌在一起，澆上油蠟，團成圓球，一一串到鐵樹上，點著了，放在頭頂，跟著主人上街。

頭上戴燈或許很好玩，但絕對不安全。除了僧人和天生禿頭的人，宋朝男子都不剃髮，和女子一樣挽著高高的髮髻，髮髻上再固定著一盞蓮花牡丹燈碗或者一樹哧哧冒火的「火楊梅」，只能小心翼翼、亦步亦趨地走路。假如步子邁大了，唭，踢到腳是小事，顛翻了頭上的花燈是大事，只要有一點

火星落到頭髮上，救火肯定來不及，滿頭煩惱絲就清淨了，只好出家當和尚去。所以我們這些現代人到了宋朝，只宜觀看，不可模仿。

還有一種燈，既非頂在頭上的燈碗，也不是提在手裡的燈籠，而是一根長長的燈槊，可以插在城頭上，也可以豎執於手中，遠遠望去，好像武松打虎的哨棒，又像林沖對敵的長槍。湊近了瞧，這款燈是用一整根約有碗口那麼粗的大毛竹製成，削去枝葉，頂端破開，剖成十六根或者二十根細條，細條與細條兩兩對接，壓成一個中空的圓球，在圓球中央插一盞蠟燭，外用鐵絲固定。在宋朝，這款燈被稱為「燈槊」[4]。

更有巧手匠人能將燈槊頂端壓成蓮花狀：仍將頂端剖成許多根細條，兩兩對接，將中段捆紮起來，固定好，下半部分壓成圓球，上半部分掰成蓮花瓣兒，圓球中插蠟燭，蓮心處放燈盞。這種款式的燈槊，叫做「蓮花槊」，不適合隨身攜帶（蓮花裡的燈盞容易側翻），只能插在大門口或者城樓上。

我們不妨想像一下，北宋開封內外城的各個城門上，靠著女牆，一排排燈槊高聳入雲，朵朵蓮花盛開，照得夜空通明，既有節日喜慶氣氛，又有威嚴肅殺之氣，還是蠻酷的。

4 槊是一種長柄的武器。

## 棘盆燈

腦袋上戴著燈碗，城牆上插著燈槊，熱鬧歸熱鬧，談不上盛大。宋朝最盛大的元宵花燈，叫做「棘盆燈」。

據《東京夢華錄》以及《新編醉翁談錄》這兩部文獻記載，在北宋開封，從州橋沿著御街一直向北，直到皇宮的南門宣德門外，那裡是燈展最集中的地方。

早在冬至剛剛到來的時候，開封府官員就開始為元宵節的燈展做準備了。他們派人在宣德門外搭建舞臺（以便讓皇帝和臣民共同觀看各路藝人的精彩表演），在御街兩旁安放欄杆，在全城主要街道的十字路口劃定場地（供燈展和表演之用），並出資協助全國各地的民間藝人進京排練（時稱「行放」，意即彩排），讓他們在燈展期間大顯身手。

當然，開封府更要出錢採購花燈，包括燈球、燈槊、絹燈、鏡燈、字燈、水燈、龍燈、鳳燈、走馬燈……還有很多巨型花燈無法搬運，只能就地紮造，故此開封府還要雇請高手匠人進京紮造這些巨型花燈。

開封府有錢，但僅靠官府出錢是不行的。為了裝點京師，同時也為了裝點自家的門面，開封城裡的

高官和富商同樣為元宵燈展出資出力，在自家門口雇人紮造各種造型奇特的花燈。

如此這般準備兩個月左右，元宵節終於來臨了，開封成了燈的世界：女士們頭上戴著燈，男僕們頭上戴著燈，小孩子手裡挑著燈，大家走上街頭，去十字路口賞燈，去皇宮南門看燈。

在皇宮南門宣德門外有一條東西大街，俗稱「潘樓街」，大街南側有一條一眼望不到邊的隔離帶，隔離帶中安放著全國最大的「棘盆燈」。

《東京夢華錄》載：

▲（宋）馬遠《仙侶觀瀑圖》，現藏於臺北國立故宮博物院

自燈山至宣德門樓橫大街，約百餘丈，用棘刺圍繞，謂之「棘盆」。內設兩長竿，高數十丈，以繒彩結束，紙糊百戲人物，懸於竿上，風動宛若飛仙。內設樂棚，差衙前樂人作樂雜戲。

這條隔離帶長達一百多丈，用帶刺的樹枝編成防護欄，防護

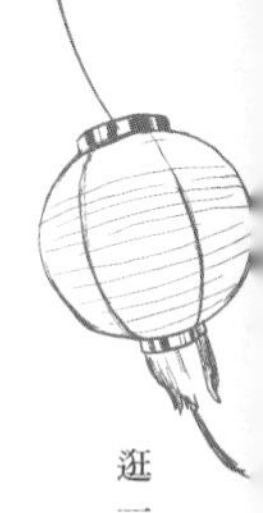



欄內豎起兩根幾十丈高的巨竿，用彩色絲綢捆紮裝飾，竿上懸掛著紙糊的神仙、佛像、戲曲人物，風一吹，神佛皆動，就像活的一樣。這兩根巨竿中間是戲臺，開封府派藝人在此表演。

《新編醉翁談錄》載：

諸燈之最繁者，「棘盆燈」為上。是燈於上前為大樂坊，以棘為垣，所以節觀者，謂之「棘盆」。山棚上，棘盆中，皆以木為仙佛、人物、車馬之像，盡集名娼立山棚上。開封府奏衙前樂，送諸絕藝者在棘盆中，飛丸、走索、緣竿、擊劍之類。

棘盆燈是最龐大、最複雜的花燈。確切說，該燈不是一盞，而是由無數盞燈組成的長龍，是讓皇帝和臣民共同觀賞花燈與表演的集大成。

從宣德門到州橋是一段南北大街，俗稱「御街」。御街兩旁也各有一條一眼望不到邊的隔離帶，隔離帶中架設燈山，高七丈，燈山上有走馬燈、皮影燈、神仙燈、龍鳳燈。燈山兩旁又各有一尊菩薩燈，即文殊菩薩與普賢菩薩的塑像。文殊騎獅子，普賢騎白象，兩位菩薩身高數丈，眼放金光。金光即是燈光，匠人將菩薩的頭部鏤空，中置巨燈，燈光從眼孔裡射出來。另外這兩位菩薩都豎起一隻手掌，這隻手掌的五根手指比一般人的大腿還要粗，從手指的指尖裡分別噴出一股清水，好像五股瀑布一般傾瀉而下。

菩薩的手指怎麼會噴水呢？剛才說了，文殊、普賢兩位菩薩的中間是一座燈山，燈山的山頂有一個龐大的水櫃，這個水櫃透過隱藏的竹管與菩薩的胳膊連接起來。燈山後面還有一口水井，井口架著轆轤，開封府派幾名兵丁在那兒絞動轆轤，打出井水，不停地運到燈山上面的水櫃裡，最後從菩薩的指尖裡噴射出來。

## 燈展期間的安保工作

正月十五那天晚上，皇帝帶著太子、嬪妃和太監、宮女登上宣德樓，親自觀賞潘樓街的棘盆燈和御街的菩薩燈。

在宣德樓的下面，在潘樓街的北側，在棘盆燈的對面，臨街建有幾十座看臺，看臺上坐著宰相、副相、樞密使、六部尚書以及他們的家眷。皇帝在宣德樓上觀燈，這些大臣在樓下看臺上觀燈。

低級官員和黎民百姓沒有看臺，在街上挨挨擠擠地觀賞，將潘樓街和御街擠得水泄不通。那些有先見之明的聰明人兼有錢人為了觀燈方便，提前十幾天就在臨街的酒樓上訂好了位置，一邊看燈，一邊與親朋故交吆五喝六地飲酒。其他人想訂座位也來不及了，所以《新編醉翁談錄》云：「都人欲為夜宴，而絕無可往處，人多故也。」燈展期間想找一家餐廳吃飯都找不到位置，因為早被別人預訂一空了。

▲（宋）緙絲《上元戲嬰圖》，現藏於臺北國立故宮博物院

因為有皇帝與民同樂，故此潘樓街和御街的燈展是全城最盛大的。可是皇帝容易犯睏（上早朝必須早起，因而也必須早睡），到了三更（午夜）就回寢宮休息去了，所以潘樓街和御街的燈展也會早早地結束。如《東京夢華錄》云：

至三鼓，樓上以小紅紗燈球緣索而至半空，都人皆知車駕還內矣，須臾聞樓外擊鞭之聲，則山樓上下燈燭數十萬盞一時滅矣。

到了半夜十二點，從宣德樓上忽忽悠悠升起一盞小紅紗燈，在底下觀燈的市民瞧見了，知道皇帝他老人家要回寢宮了。過了一會兒，又聽見一聲響鞭，啪，這是暗號，說明皇帝已經離開，於是幾十萬盞花燈同時熄滅，燈展宣告結束。

大家不要失望，這裡的燈展結束了，其他地方才剛剛開始。毫無睡意的百官和百姓轉移戰場，前往相國寺、大佛寺、保真宮、醴泉觀、馬行街、牛行街……因為這些地方也有燈展，而且會一直持續到天亮。

京城燈展如此熱鬧，小偷小摸實難避免。我們看宋話本，常能見到燈展期間丟失首飾、丟失錢包、丟失孩子、丟失家眷的故事。至於《水滸傳》中東京燈展，梁山好漢進京遊賞，導致李逵大鬧東京、殺傷人命，雖為小說家言，也不是不可能發生。

為了賞燈人眾的財產及生命安全，開封府的官員實在是想盡了辦法。

首先是防火。宋時沒有消防車和高壓水槍，只能靠雲梯、火叉、鉤槍、水桶來滅火，故此在每一處燈棚旁邊，均設雲梯一架、巨桶一只、鋪兵（消防員警）若干名，桶中滿貯清水，以備滅火之用。

其次，為防兒童走失，開封府各大坊巷均在社區之內搭設「小影戲棚子」，讓小孩子觀看。當時沒有動畫片，影戲藝人借助燈光、手勢、紙人和皮影在布景上投射出簡單有趣的動畫，確實能吸引小孩圍觀，使他們不至於到處亂跑，被壞人拐走。

再其次，開封府頗為重視殺雞儆猴的作用。據《東京夢華錄》記載，潘樓街展出棘盆燈的時候，「開封尹彈壓幕次，羅列罪人滿前，時復決遣，以警愚民。」在人群裡搜出竊人錢財的小偷和調戲婦女的流氓，當即拉到燈棚前示眾，或打板子，或處徒刑，讓那些蠢蠢欲動的壞蛋知道刑罰的厲害和做惡的後果，從而懸崖勒馬，不敢再為非作歹。

有必要補充說明的是，有些地方對於特殊的偷盜行為，比如說偷拿別人家門口的花燈，官府會睜一

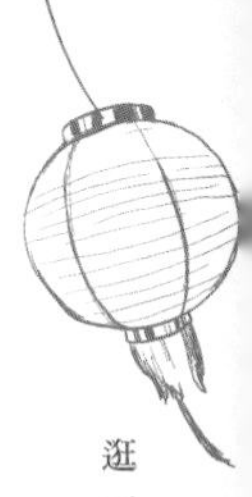



隻眼閉一隻眼，一般不會施予刑罰。

《歲時廣記》第十二卷記載：

亳州社里巷小人，上元夜偷人燈盞等，欲得人咒詛，云吉利。都城人上元夜一夕亦如此，謂之「放偷」。……一云偷燈者生男子之兆。又《本草》云，正月十五日燈盞令人有子，夫婦共於富家局會所盜之，勿令人知，安臥床下，當月有娠。

在安徽亳州，市井小民[5]在元宵節晚上偷別人家的燈盞，不為別的，專為挨罵，據說丟燈人家罵得愈狠，對偷燈者愈吉利。京師開封府也有這個習俗，官府不管不問，謂之「放偷」。有人說，正月十五偷花燈，可以治癒不孕不育。按照《本草》[6]上的說法，元宵節偷燈，將來能生兒子。曾有一對多年沒能懷孕的夫婦，兩口子在正月十五那天晚上聯手「作案」，他們知道某員外府上布置燈展，前去參觀，偷了一盞燈，回家藏到床底下，沒出正月就懷上了孩子。

## 元宵節的美食

《歲時廣記》第十一卷記載：

京人以綠豆粉為蝌蚪羹。煮糯為丸，糖為臛，謂之「圓子」。鹽豉、撚頭，雜肉煮湯，謂之「鹽豉

湯」，皆上元節食也。……上元日有「蠶絲飯」，搗米為之，朱綠之，玄黃之，南人以為盤飡。……上元日食焦䭔，最盛且久。

由此可見，蝌蚪羹、圓子、鹽豉湯、蠶絲飯、焦䭔，均為元宵節的節令食品。

「蝌蚪羹」是用綠豆粉做的，之所以名曰「蝌蚪」，是因為它的形狀很像蝌蚪。

宋朝人發明了無數種象形食品，蝌蚪羹應該算是做法最簡單的一種。有多簡單？聽我道來。

綠豆用水泡透，在石磨裡磨成稀糊，端到鍋邊，舀到甑[7]裡，用手一壓，綠豆糊從甑底的窟窿眼兒掉下去，啪嗒啪嗒掉入水鍋，先沉底，再上浮，兩滾煮熟，笊籬撈出，沖涼，控水，拌上鹵汁，拌上青菜，就可以吃了。甑底的窟窿眼兒是圓的，所以漏下去的那一小團一小團的麵糊也是圓的；它們漏下去的時候勢必受到一些阻力，藕斷絲連，拖泥帶水，所以每一小團麵糊都拖著一條小尾巴。圓腦袋，小尾巴，像不像小蝌蚪？當然像。所以宋朝人管這種食物叫蝌蚪羹。

「圓子」的做法在《歲時廣記》中已有簡介：「煮糯為丸，糖為臛。」糯米粉團成小圓球，用糖做餡，

5 即引文中的「小人」。
6 宋朝有很多版本的《本草》，並非明朝李時珍編撰的《本草綱目》。
7 古代蒸飯的炊具，狀如瓦盆，底部有很多小孔。

滾水煮熟。很明顯，宋朝的圓子就是今天的湯圓。

宋朝的湯圓並不總是用糖做餡。據《武林舊事》第二卷〈元夕〉一節記載，南宋杭州元宵餐桌上的美食既有「乳糖圓子」，又有「澄沙團子」，前者是糖餡湯圓，後者是豆沙餡湯圓。當然，豆沙餡也是要放糖的。

「鹽豉湯」的做法在《歲時廣記》中也有提到：「鹽豉、撚頭，雜肉煮湯，謂之鹽豉湯。」「鹽豉」即鹹豆豉，「撚頭」指的是油炸短麵條，俗稱「炸手指」，又叫「麻花頭」，「雜肉」則是摻雜肉類的意思。將鹹豆豉、炸手指配上肉類一起燉煮，就成了鹽豉湯。事實上，鹽豉湯在古代中國源遠流長，非常普及，它有很多種做法，換句話說，豆豉可以和很多種食材相配煮湯。以豆豉為主料來煮湯的烹調方式目前在中國大陸已經絕跡，倒是在東鄰日本和韓國發揚光大——鹽豉湯曾經傳入日、韓，後來分別發展成為味噌湯和大醬湯。

「蠶絲飯」實際上就是米粉，很細的米粉，狀如今日之米線。不過這種米粉在加工之時用天然顏料染了色，有紅、有綠、有黑、有黃，下鍋煮出來，盛到盤子裡，五彩繽紛，很喜慶。

「焦䭔」又名「油䭔」、「糖䭔」，其中「䭔」這個字的發音與「堆」同，糖䭔即是糖堆。說起糖堆，天津人會興奮起來，因為天津人一向管山楂做成的糖葫蘆叫糖堆。

宋朝倒是有山楂，不過宋朝人還沒有學會把山楂加工成糖葫蘆，他們只用山楂切片做糕，或者用糖醃起來做蜜餞。

在宋朝，糖餡是用一半麵粉、一半米粉，摻上砂糖，用手搓成的小圓球。它不同於湯圓，因為湯圓是空心的，有包餡；而糖餡是實心的，糖和粉混在了一處。搓成小圓球以後，再放到油鍋裡炸熟。從油鍋裡出來，它是脆的，「脆」在宋朝白話中等同於「焦」，故此人們又管糖餡叫做焦餡。

宋朝小販賣焦餡是很有意思的。據北宋呂原明《歲時雜記》：

凡賣餡必鳴鼓，謂之「餡鼓」。每以竹架子出青傘，綴裝紅梅縷金小燈毬兒。竹架前後亦設燈籠，敲鼓應拍，團團轉走，謂之「打旋羅」。列街巷處處有之。

小販走街串巷叫賣焦餡，一定是全副武裝：背後背著竹架，腰間懸著皮鼓，竹架前面罩一把青傘，青傘下面掛幾只燈籠。小販一邊走，一邊擊鼓，同時隨著擊鼓的節奏用另一隻手轉動傘柄，使青傘以及傘下的彩色小燈籠團團飛轉，好像走馬燈。

## 十八收燈後

元宵燈展是如此熱鬧，以至於憑空衍生出一項發財之道。據南宋周密《武林舊事》記載：

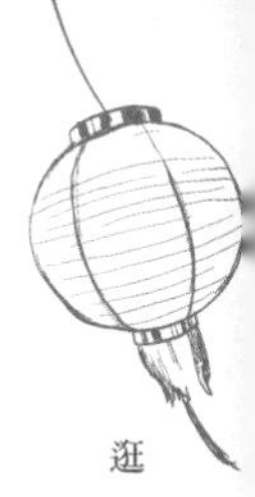



至夜闌，則有持小燈照路拾遺者，謂之「掃街」，遺鈿墮珥，往往得之，亦東都遺風也。

每天深夜，人群散去，街上仍有三三兩兩的行人提著燈籠，彎著腰，低著頭，像找鑰匙似地仔仔細細在地面上來回搜尋。原來看燈的時候人太多，擠得太厲害，常常有人不小心遺落首飾，這時候出來撿拾，總能發現意外收穫，不是撿到一串金項鍊，就是撿到一對玉手鐲。

撿遍了首飾，嘗遍了美食，看遍了花燈，正月十八來臨了。前面說過，宋太宗之後的北宋京城與南宋中葉之後的南宋京城都是張燈五夜，從正月十四傍晚到正月十八深夜，剛好是五個晚上，期限已滿，燈展結束，既漫長又熱鬧的春節終於畫上了句號。

正月十九凌晨，北宋大臣晏殊作詩道：「樓臺寂寞收燈夜，里巷蕭條掃雪天。」十八當晚收燈之後，人聲鼎沸的都市突然安靜下來，火樹銀花的街巷很快黯淡下來，煙花散盡，繁華不再，大雪悄無聲息飄落在餘溫尚存的大地上，從激烈的喧鬧到寂寞的蕭條，巨大的落差讓人感到一陣悲傷。

同樣是在收燈之後，南宋狀元張孝祥卻另有一番心情，他的詞中有這麼兩句：「雪消牆角收燈後，野梅官柳春全透。」燈展已經結束，天街空無一人，可是在這難耐的寂寞之中仍能發現幸福——牆角的積雪正在融化，溝旁的柳樹即將發芽，有一枝梅花越過牆頭斜探出來，寒冬已盡，暖春已至，歡樂的時光不但沒有結束，反而才剛剛開始……

# 第三章　二三月的賞心樂事

## 從大內總管被殺說起

司馬光在《涑水紀聞》中講過這麼一段故事。

宋真宗晚年，身體欠佳，百病纏身，不能正常上朝，好多軍國重事得不到及時處理，朝廷上下怨聲載道，大宋政權搖搖欲墜。

假如宋真宗是個好皇帝，他會主動退休，將大權交給年富力強的皇太子，自己退居幕後，安安生生養病，安安生生做太上皇。可惜他不是個好皇帝，他太戀權了，儘管他連批閱奏章的精力都沒有了，但仍然死死地攥著手裡的玉璽，仍然牢牢地占著屁股下的寶座，絲毫沒有禪位的打算。

一個大臣勸他禪位，被罷官。另一個大臣勸他禪位，被流放。文武百官噤若寒蟬，誰都不敢做仗馬之鳴。這時候，宰相寇準站了出來。

寇準聰明，他知道直接勸諫沒有效果，所以走曲線救國的路線：用偽造的天書來誘導真宗退位。

寇準與宋真宗最寵信的太監周懷政合謀，假造了一份天書，天書上寫著晦澀難懂的「預言」，大意是皇帝戀權則年歲不永，新君即位則福壽綿長。過了幾天，周懷政在「無意」中「發現」了這份天書，將其獻給真宗皇帝。真宗非常迷信，一瞧天書上寫的預言，信以為真，當即就宣布說：為了大宋社稷，

也為了寡人能多活幾年，朕決定將皇位傳給太子。

妙計奏效，寇準竊喜。

但是一個多月過去了，真宗還是沒有退位，寇準急了，託周懷政打探消息。那天是農曆二月初二，宋真宗上完早朝，用過早飯，讓兩個太監攙著，去後宮花園裡看娘娘們挖野菜，周懷政認為機會來了，他跑到真宗跟前，撲通一聲跪倒在地，問道：「陛下準備什麼時候舉行禪位大典？」

真宗裝聾作啞，好像沒聽見一樣。

周懷政又追問：「皇上在一個月前已經宣布禪位，現在還沒有行動，是不是想食言啊？」

真宗勃然大怒，指著周懷政的鼻子，質問道：「你一個太監，有什麼資格過問國家大事？不怕朕砍了你的腦袋嗎？你一再逼朕禪位，是不是看朕活不長了？你是不是覺得太子遲早會即位，你想搶到擁立的功勞？你腦子裡難道

▲（宋）趙伯駒《上苑春遊圖》，現藏於臺北國立故宮博物院

全是功名富貴，就沒有一點兒忠君之心嗎？」

聽到這麼強詞奪理的誅心之論，周懷政的自尊心嚴重受傷，他從地上撿起一把挖野菜的小刀，扒開自己上衣，「噗」的一聲，扎進去一寸來深，鮮血嗤嗤噴射！

宋真宗嚇壞了，如果不是有兩個太監扶著，他會癱倒在地上。他驚慌失措地問道：「你要幹嘛？你這是想幹嘛？」

周懷政激動地說：「皇上懷疑我不忠，我要把心挖出來讓皇上看！」

宋真宗吩咐侍衛趕快將周懷政抬走搶救，然後又傳喚太醫給自己調治——經周懷政這麼一嚇，他的病情更加嚴重了。

這場風波過後不久，宋真宗竟然駕崩。周懷政的傷情倒不算太重，沒有死，可是皇后和皇太后聽說是他讓宋真宗受了驚嚇，立即傳下懿旨，以謀反的罪名殺了他。後來她們聽說寇準和周懷政有來往，於是又罷了寇準的官。

聽完上述故事，細心的朋友可能會注意到兩個細節：

第一，宋真宗受驚嚇那天，是二月初二。

第二，周懷政去向宋真宗請願的時候，真宗正在後宮看娘娘們挖野菜。

那麼問題來了：娘娘們錦衣玉食，要什麼有什麼，為什麼要挖野菜呢？為什麼偏偏在二月初二那天挖野菜呢？

因為二月二挖野菜是宋朝風俗。只要是到了二月初二，無論官民，無論貧富，都要去挖野菜，連皇帝和皇后都不例外。宋真宗當時是有病了，彎不下腰去，否則他也會衝進挖野菜的大軍，興致勃勃地挖上一籃。

## 二月初二挑菜節

在我們豫東老家，二月初二是個很小的節日，人們到了這天，一定會吃涼粉。這裡所謂的「涼粉」，是指澱粉的水合物，通常用紅薯來加工。一大堆紅薯，洗淨，刮皮，磨碎，搗糊，加水沉澱，

下面是紅薯渣，上面是紅薯澱粉。將紅薯澱粉晒乾，再加水攪勻，小火慢煮，邊煮邊攪，愈攪愈稠，停火，出鍋，冷卻，即成涼粉，半透明，瑪瑙色，有彈性，口感軟糯，可以用米醋和香油涼拌來吃，也可以配菜一起炒，做成肉末炒涼粉、豆瓣炒涼粉、韭菜炒涼粉、香菜炒涼粉、菜薹炒涼粉、胡蘿蔔絲炒涼粉……

豫東民諺：「二月二，吃涼粉兒，吃一碗，要一盆兒。」這句諺語用中原官話的兒化音去讀，合轍押韻，琅琅上口。但是，二月二在我們老家究竟叫做什麼節呢？很慚愧，我不知道。我打電話問過父母，他們也不知道。「二月二是什麼節？」「什麼節？吃涼粉節唄！」可惜傳統節令當中沒有這個「涼粉節」。

在中國內陸很多地方，人們都說「二月二，龍抬頭」，龍在冬天大睡了幾個月，到二月二這天該醒了，該把龍頭抬起來了，該給大家下點兒春雨了。人們還說：「二月二，龍抬頭，小鬼頭，剃毛頭。」春節期間不興理髮，整個正月期間都不興理髮，二月初二，禁忌消除，小孩子終於可以去理髮了。因為如上原因，二月二這個不知名的節日終於有了名字，有人叫它「龍頭節」，有人叫它「剃頭節」，還有人叫它「青龍節」。中國地域遼闊，風俗不一，各地過二月二，吃什麼的都有。有的地方流行吃麵線，稱為「吃龍鬚」；有的地方流行吃餃子，稱為「吃龍耳」；有的地方流行吃餛飩，稱為「吃龍牙」；有

的地方吃餅，並在餅的表面做出鱗片的形狀，稱為「吃龍鱗」。反正不管吃什麼，都想和龍扯上一點關係。

二月二龍抬頭，這種說法源自元朝，在宋朝是沒有的，故此宋朝人不可能將二月二定為「青龍節」或者「龍頭節」。那二月二在宋朝究竟是什麼節日呢？

是「挑菜節」。

挑菜節，聽起來很怪，實際上也很怪，因為在二月二這天，宋朝人真的要去「挑菜」。挑菜在這裡有兩個意思，一是挖野菜，二是猜野菜。野菜還能猜嗎？當然。

據《武林舊事》記載，每年二月二，宋朝皇宮裡都要舉辦「挑菜宴」，過程如下：

先是，宮苑預備朱綠花斛，下以羅帛作小卷，書品目於上，繫以紅絲，上植生菜、薺菜諸品。俟宴酬樂作，自中殿以次，各以金篦挑之。后妃、皇子、貴主、婕妤及都知等，皆有賞無罰。以次每斛十號，五紅字為賞，五黑字為罰。上賞則成號珍珠、玉、金器、北珠、篦環、珠翠、領抹，次亦鋌銀、酒器、冠、翠花、緞帛、龍涎、御扇、筆墨、官窯、定器之類。罰則舞唱、吟詩、念佛、飲冷水、吃生薑之類。用此以資調笑。王宮貴邸，亦多效之。

太監、宮女提前備下一批木斛，漆得花花綠綠的，斛裡堆放溼土，將挖來的野菜一棵一棵豎插其中，每個斛上插一棵。

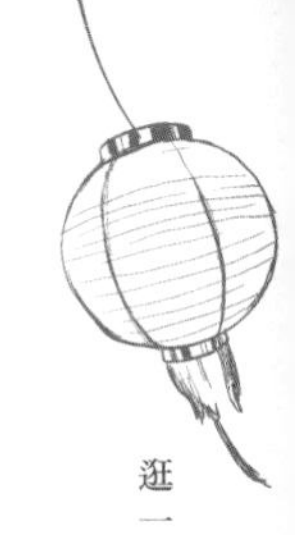



再找一批綢布，剪成長條，分別寫上各種野菜的名字，捲成小卷，繫上紅絲線，一一壓在斛底。比方說，某只斛上插的是薺菜，那麼斛底壓著的小卷裡寫的也必須是「薺菜」；假如某只斛上插著馬齒莧，斛底小卷裡寫的也必須是「馬齒莧」。不能弄混。

太監和宮女們將這些木斛依次擺放在大殿兩旁，擺成長長的佇列，然後皇帝一聲令下，挑菜宴正式開始。

參加這場挑菜宴的人很多，皇后、皇子、皇女、嬪妃、太監總管、高等宮女，都有資格參加。他們參加的方式，其實就是去猜野菜的名字，猜中有獎。比如說皇后站起來，走到一只木斛前面，看看斛中插著的野菜，認為是茵陳，於是輕啟朱唇，很有自信地說道：「這棵是茵陳。」旁邊太監搬起木斛，抽出小卷，解開紅絲，打開一瞧，果真是「茵陳」！眾人掌聲雷動，為皇后喝彩。皇帝龍顏大悅，親手拿起一顆珍珠，做為獎品發給皇后。假如皇后四體不勤，五穀不分，不認識茵陳，說成「蒲公英」，那她就得不到獎品了。

同樣是參加挑菜宴，皇后和皇子們受到的待遇，要比太監和宮女高得多。皇后和皇子們猜中有獎，猜不中也不會受罰；太監和宮女就不同了，猜不中必須受罰。怎麼罰呢？不是扒開褲子打板子，更不是砍頭掉腦袋，僅僅是罰背一首詩，罰唱一首歌，罰跳一支舞。假如受罰者不會施展才藝，那就罰喝一碗

涼水，罰吃一塊生薑。總而言之，處罰是很輕很輕的，不是為了懲罰，只是為了娛樂。

娛樂完了，野菜會被扔掉嗎？應該不會。按照常理推想，這些野菜大概會被送進御膳房，拼成冷盤，包成餃子，煲成羹湯，供遊戲參與者享用。《武林舊事》裡沒有這樣寫，但我們不妨這樣猜。假如只有前面猜野菜的過程，沒有後面吃野菜的宴會，那就只剩「挑菜」，而不能稱之「挑菜宴」，對不對？

遊戲中所用的野菜是誰挖來的呢？根據本章第一節「大內總管被殺」那段歷史故事，應該是後宮嬪妃們親自挖的——如故事所述，大內總管周懷政向宋真宗進諫之時，宋真宗正在後花園看嬪妃們挖野菜。周懷政進諫不成，拔刀刺心，他用的刀，正是嬪妃們挖野菜所用的小刀。

再查《宋會要輯稿》，宋太宗太平興國二年（九七七年）二月初二，歸順大宋的吳越國王錢俶「貢黃金挑菜器四、黃金錯刀四、銀挑菜器二十、銀錯刀二十」。其中的「黃金挑菜器」和「銀挑菜器」，用來替代那些上插野菜、下壓小卷的木斛；其中的「黃金錯刀」和「銀錯刀」，則是挖野菜的工具。黃金錯刀，鑲嵌黃金的刀；銀錯刀，鑲嵌白銀的刀。挖野菜而已，用鐵鏟不就行了嗎？幹嘛還要鑲金嵌銀呢？因為它們是獻給皇家的，是後宮娘娘們挖野菜用的，如果不鑲金嵌銀，怎麼顯得出皇家的氣派呢？

《武林舊事》上說，「王宮貴邸，亦多效之。」王爺、大臣和富貴之家也模仿皇宮，每年二月二挖野菜、辦挑菜宴。這樣做有什麼用呢？「用此以資調笑」，不為別的，就為了好玩。

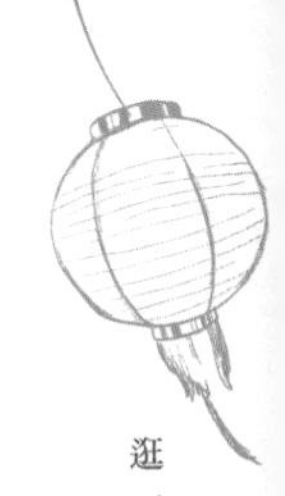





南宋有一文人名叫張鑒，寫有〈賞心樂事〉一文，該文列舉二月的賞心樂事，其中之一叫做「南湖挑菜」，指的是二月初二那天去湖邊挖野菜。老百姓挖完野菜，會不會像皇宮裡那樣，也搞一場猜中有獎的比賽呢？我估計不會，因為底層民眾生長於天地之間，為了填飽肚子，必須認識野菜，假如猜中有獎，那人人都能得獎，沒有挑戰性，沒有比賽的樂趣。老百姓挑菜，應該單指挖野菜，沒有後面猜野菜的環節。

遙想宋朝二月二，人們一邊挖野菜，一邊踏青，吹著軟軟的湖風，聞著濃濃的草氣，憧憬著回家之後那一鍋清鮮的野菜羹，確實也是「賞心樂事」。

## 放園子

《夢粱錄》第一卷〈二月〉記載：

二月朔，謂之「中和節」，民間尚以青囊盛百穀瓜果子種互相饋送，為獻生子。禁中宮女，以百草鬥戲。百官進農書，以示務本。

二月初二是挑菜節，二月初一則是中和節。

中和節這天，南宋老百姓用青色小荷包裝入穀物和瓜果的種子，互相饋送，祝福對方多子多福。皇

宮裡不送這個，但宮女們會聚在一起鬥百草。早朝之時，百官還會向皇帝獻農書，勸導皇帝重視農耕。

說到鬥百草，大家想必不陌生。《紅樓夢》第六十二回，芳官、蕊官、藕官、香菱等人在大觀園裡鬥過百草，她們採了許多種類的花草，席地而坐，這個說「我有觀音柳」，那個說「我有羅漢松」，這個說「我有君子竹」，那個說「我有美人蕉」，這個又說「我有星星翠」，那個又說「我有月月紅」，這個又說「我有《琵琶記》裡的枇杷果」，那個又說「我有《牡丹亭》上的牡丹花」……觀音對羅漢，君子對美人，星對月，翠對紅，《琵琶記》對《牡丹亭》，鬥草像鬥詩似的，煞是好玩熱鬧。

芳官等人鬥百草，是在賈寶玉生日那天。賈寶玉生日是哪天？《紅樓夢》裡沒有明寫，據周汝昌考證，是四月二十六。《夢粱錄》中說南宋宮女在二月初一中和節那天鬥百草，而《紅樓夢》裡的女伶和侍妾卻在四月二十六鬥百草，說明各地風俗不太一樣。

中國疆土遼闊，氣候各異，有的地方春天來得早，有的地方春天來得晚，鬥百草的時間相差兩、三個月也不足為奇。譬如說《夢粱錄》記載南宋宮女二月初一鬥百草，那是因為南宋皇宮在杭州，地氣溫暖。假如放在北宋，首都開封二月初，柳絲剛剛泛青，草芽還沒長全呢，想鬥也都不成，必須等到三、四月分。

正因為各地草長鶯飛的時節有早晚，所以宋朝人「放園子」的時間也有早晚。

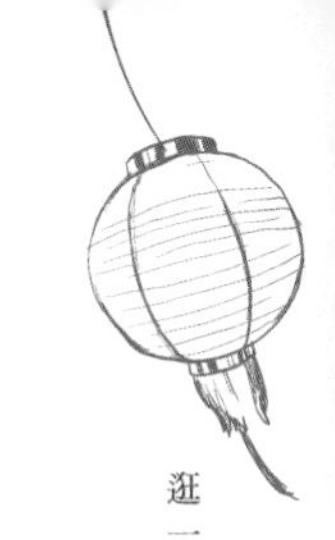

放園子，雅稱「放春」，意思是開放私家園林，讓外人進去觀賞春景，這是兩宋都城的春季習俗，時間或在二月初，或在二月十五，或在三月上旬。

《夢粱錄》第一卷記載：

仲春十五日為花朝節，浙間風俗以為春序正中，百花爭放之時，最堪遊賞。都人皆往錢塘門外玉壺、古柳林、楊府、雲洞，錢湖門外慶樂、小湖等園，嘉會門外包家山、王保生、張太尉等園，玩賞奇花異木。

二月十五是花朝節，百花盛開，適宜觀賞，杭州市民都去錢塘門外的玉壺園、古柳林園、楊府花園、雲洞花園，錢湖門外的慶樂園、小湖園，嘉會門外的包家山、王保生花園、張太尉花園，觀賞奇花異木。

《武林舊事》第三卷有〈放春〉一節，詳細描繪了私家園林放春時節的美景和陳設：

蔣苑使有小圃，不滿二畝，而花木亭榭奇巧，春時悉以所有書畫、玩器、冠花、器弄之物，羅列滿前，戲效關撲。有珠翠冠，僅大如錢者。鬧竿、花籃之類，悉皆縷絲金玉為之，極其精妙。且立標杆射垛，及秋千、梭門、鬥雞、蹴鞠諸戲事，以娛遊客。衣冠仕女至者，招邀杯酒，往往過禁煙乃已。

南宋有一個姓蔣的能工巧匠，供職於皇家園林，他在杭州為自己建造了一座小型園林，占地不到二畝，亭臺水榭俱全，奇花異木爭豔，布置得相當精緻。從二月十五花朝節一直到寒食節（通常在二月下旬或三月上旬），他的園林持續開放，男男女女都能去玩。為了讓人們玩得更開心一些，他家園子裡除

了亭臺和花木，還陳設著書畫、古玩、首飾、玩具，還可以打秋千、扔飛鏢、踢球、鬥雞。為了進一步增強遊戲的刺激性，此人還設計了類似於有獎競猜的環節[8]，讓遊客參與，中獎者可以把獎品帶走。那些獎品價值不菲，製作精妙，例如有一種小花冠，用珍珠翠玉鑲嵌而成，只有小銅錢那麼大，非常可愛。

花費許多精力和錢財，打扮好自家的花園，開放給外人參觀，宋朝人這是圖什麼呢？

我以俗人之心度雅人之腹，推想出如下意圖：

第一，為了顯擺。

富人建造園林，僅僅為自己觀賞嗎？未必。賓朋和陌生人進去看看，不停地發出讚嘆，流露出羨慕和嫉妒，這種場面為園林主人帶來的幸福感，比獨自享受更爽，這就是「獨樂樂不如眾樂樂」最最庸俗化的解釋。

第二，為了做廣告。

前文那位姓蔣的高級工匠，他手藝精絕，胸有韜略，但是除了皇帝，還有多少人知道呢？萬一有一天，老皇帝晏駕，新皇帝登基，一朝天子一朝臣，他就得捲鋪蓋滾蛋，另謀生路。他趁著聖眷正隆、手

8　即引文中的「戲效關撲」。

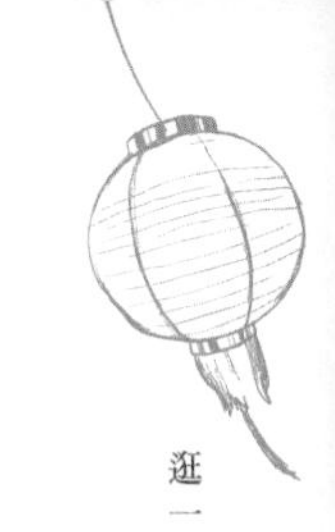



頭寬裕，將自己出神入化的造園技術和賓至如歸的人格魅力展示出來，可以抵禦失業的風險——他在放春期間接待的「衣冠仕女」當中，沒準兒就有未來的雇主。

第三，為了賺取一點點外快。

據《北軒筆記》，北宋洛陽是私家園林最多的城市，每年三月上旬，幾乎所有園林都會開放，但這種開放並非免費——凡是進園參觀的遊客，都要付給看門人一筆小費，美其名曰「茶湯錢」。看門人得到這些小費，不能獨吞，還要分一半給主人，除非主人不要。

司馬光就是不要小費的主人。

宋神宗熙寧四年（一〇七一年），五十多歲的司馬光因為不贊成王安石變法，辭掉樞密副使（國防部副部長）的高位，提前退休，去洛陽買了一所房子，蓋了一座花園，在那裡定居了。

司馬光的花園不算大，叫做「獨樂園」。按照他寫的〈獨樂園記〉，花園裡主要培植牡丹和竹子，還種了一些中草藥和幾畦菜，南邊的空地挖坑貯水，養魚養荷，中間的空地蓋了幾間房子，做為藏書和寫作的地方。這種布局在今人看來當然值得羨慕，可是在私人花園鱗次櫛比的北宋洛陽，其實非常普通。

花園雖然普通，主人的名氣卻很大，所以每年春天放園子的時候，獨樂園都人滿為患，有一年春天，幫司馬光看守花園的老僕收到了兩萬文的小費。按照老規矩，老僕將一半小費交給司馬光，但是司馬光

風格高尚，一文錢都不要。老僕沒辦法，用這筆錢在花園裡為司馬光蓋了一座小亭子。

## 社日社飯

南宋文人張鎡列舉一年四季的「賞心樂事」，其中一件叫做「社日社飯」。

春天的春社，秋天的秋社，都屬於社日。這裡的社日主要指春社，也就是春天祭祀社神的日子。

社神是什麼神？他是土地之神、五穀之神，在唐、宋以前的神話和民俗文化中，神通廣大，備受尊重。不過在唐、宋以後，社神的地位漸漸下降，淪落為土地公公之流。民間甚至把祂和土地公公混為一談，祭社神成了祭土地，祭土地即是祭社神。

春天將近一百天，哪天可以祭社神呢？宋朝曆法是這

▲（宋）劉松《春社圖》，現藏於臺北國立故宮博物院

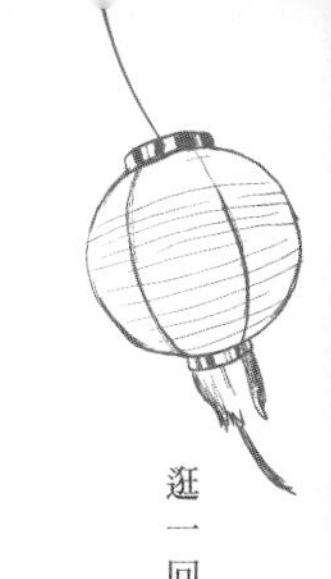



樣規定的：「立春後五戊為春社，立秋後五戊為秋社，……國朝乃以五戊為定法，如紹興癸亥三月一日社，紹興丙寅正月二十八日社。」（《歲時廣記》卷十四）從立春開始算，第五個戊日為春社；從立秋開始算，第五個戊日為秋社。例如宋高宗紹興十三年（一一四三年）立春後第五個戊日是三月初一，宋高宗紹興十六年（一一四六年）立春後第五個戊日是正月二十八，故此將三月初一定為紹興十三年的春社日，將正月二十八定為紹興十六年的春社日。

現代讀者見到「立春後第五個戊日」這種文字，往往不明所云。實際上並不難懂——古人以干支紀日，甲日、乙日、丙日、丁日、戊日、己日、庚日、辛日、壬日、癸日，依次排列，十天後再來一輪，又是甲日、乙日、丙日、丁日、戊日……從立春那天開始查干支，查到第一個戊日、第二個戊日、第三個戊日、第四個戊日、第五個戊日，ＯＫ，趕緊做個記號，將這「第五個戊日」定為社日。

以二〇一九年為例，這年立春是在二月四日（農曆二〇一八年臘月三十）。從這天起往後查，第一個戊日是二月十日，第二個戊日是二月二十日，第三個戊日是三月二日，第四個戊日是三月十二日，第五個戊日是三月二十二日。假如按照宋朝曆法，則三月二十二日就是二〇一九年的春社日，這天是農曆二月十六。

再以二〇二〇年為例，這年立春也是二月四日（農曆二〇二〇年正月十一）。從這天往後查，第

一個戊日是二月五日，第二個戊日是二月十五日，第三個戊日是二月二十五日，第四個戊日是三月六日，第五個戊日是三月十六日。按照宋朝曆法，三月十六日就是二〇二〇年的春社日，這天是農曆二月二十三。

剛才舉了四個例子，兩個例子在宋朝，兩個例子在現代。這四個例子當中，春社日各有不同，有的在二月（二〇一九年和二〇二〇年），有的在三月（紹興十三年），還有的在正月（紹興十六年）。對於喜歡簡單、直接、方便、快捷的現代人來講，節日如此不固定，過個節都要查半天老黃曆，實在太過麻煩。所以現代人過春社，都會選擇一個固定的日期，例如選在農曆三月初三。三月初三本是上巳節，是古人去郊外水邊洗濯汙垢、踏青遊春的日子，因為好記，所以把它和春社放到一塊兒。

事實上，上巳和春社在今天都不是什麼重要節日，上班族不拿它們當回事，農民也未必記得這些日子。古代農民在社日祭后土、唱大戲，現代農民假如還這麼隆重對待社日的，那必定不是為了祈禱豐收，而是為了發展旅遊。現代旅遊不就是這樣嗎？為了吸引遊客，將傳統節日撿拾起來，從古籍中尋找一些佐證，編造一些傳說，再找一些脫離土地很多年的群眾演員去扮演農民，根據導演的設想，表演所謂的古風和民風，用最近二、三十年發明出來的「傳統」，證明「千餘年來從未中斷」，以此申報非物質文化遺產，哄騙遊客，讓人以為嘗到了田園的味道，受到了傳統的薰陶，開開心心地獻上錢包。

如果有人想恢復宋朝版本的春社，或者想發展春社旅遊，或者想申報相關的非物質文化遺產項目，那麼好，請一定要仔細閱讀下面的文字。

在宋朝，社神的地位已經下降，並且被生活化和庸俗化，成了一對喜歡惡作劇的老年夫妻，被稱為「社公」和「社婆」。唐、宋以前祭祀社神的宏大儀式，在宋朝成了與社公、社婆一起作樂的遊戲，成了婦女休閒和小孩休假的一個小小節日。

春社怎麼作樂，如何遊戲，暫時先不談，我們先看看宋朝人在春社這天吃什麼。

據《歲時廣記》，春社主食是「鏊餅」和「漫潑飯」。鏊餅是在鏊子（一種專門用來煎餅的平底鐵鍋）上攤開煎熟的薄麵餅，鬆軟酥脆，捲著生菜、韭菜和豬肉吃。漫潑飯是蓋澆飯，用炒雞蛋、豬羊肉、青蒿菜、芫荽、韭菜做配菜。

春社的小食是「社糕」，做法不見記載。但據《東京夢華錄》記載，春社這天，人們會互送社糕和社酒，就像中秋時互送月餅、春節時互送年糕一樣。

社酒是什麼酒呢？文獻中也沒有記載。不過在宋朝人看來，社酒沾上了社公、社婆的某些神力，可以驅趕蚊蟲，還能讓不會說話的小孩子盡快學會說話：「社酒噴屋四壁，去蚊蟲；納小兒口中，令速語。」把社酒噴到屋內牆壁上，蚊蟲不敢進屋；把社酒塗抹到小孩嘴裡，小孩學會說話的時間會提前。

另外還有一種說法，將社酒滴到老人耳朵裡，可以治療耳聾。

按宋朝風俗，春社有三宜和三不宜。

先說三不宜：

一不宜晚起。小朋友這天假如起床太晚，社公、社婆會偷著在他們臉上拉屎，以後這孩子長大，會有一張大黃臉，和秦瓊（秦叔寶）似的。

二不宜吃醃菜。假如女生在春社這天吃了醃菜，將來出嫁拜見公婆，一彎腰就放屁，忍都忍不住。

三不宜上學和開工。春社這天，如果小孩還去上學，會愈學愈笨；如果婦女還在做女紅，會被扎傷手指。最理性的選擇就是休假，小孩別去上學，大人別去做工，已婚婦女可以休假一天，回娘家探探親。

又據《東京夢華錄》，已婚婦女在春社那天回娘家探親，娘家人會送她小葫蘆和大紅棗。把葫蘆帶回去，能給孩子當玩具，大棗則可以補身。另外葫蘆多籽，寓意多子。棗的諧音是「早」，寓意早生貴子。

《東京夢華錄》還記載，春社那天，學校放假，老師會和學生們聚餐，師生們大吃一頓，臨走還讓學生帶走禮物，例如花籃、水果、社糕、社酒之類。但是，聚會時花的錢都要由學生負擔。換句話說，學生去參加春社聚餐，都要交給老師分子錢。

社日最好玩的遊戲，全與小朋友有關，這些遊戲分為三項，分述如下。

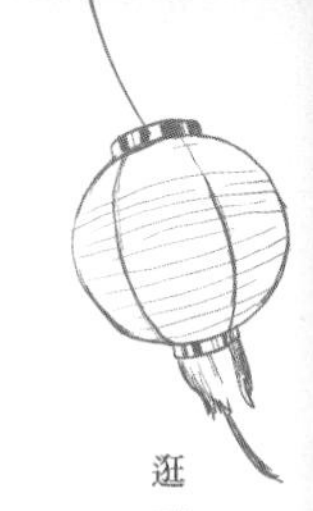



第一，乞聰明。

在宋朝江浙一帶，小朋友還沒學會走路的時候，父母讓他們在社日那天爬過土溝，據說這樣可以讓孩子變得更聰明。宋朝文學家李廌（蘇東坡的好朋友）寫過一首〈社日書懷〉：

社公告沐望年豐，豈謂雨餘仍苦風？
未報田閭禾穎秀，但驚堂上燕巢空。
里人分胙祈徼福，稚子爬溝擬學聰。
老病不知秋過半，漫芻新釀要治聾。

這首詩描述的不是春社，而是秋社。秋社到了，燕子飛走了，鄉民祭過社神，在一塊兒聚餐，分吃祭肉，分飲社酒。小朋友在溝裡爬，家人想讓他們更聰明。我（李廌）年紀大了，腦子糊塗了，不知道秋天已經過完一半，還計畫著再釀一些社酒，治治自己的耳聾。

第二，開聰明。

每年春社日，小學生放假，將一根大蔥綁在竹竿上，從窗內捅到窗外，謂之「開聰（蔥）明」。

第三，能計算。

春社這天，小學生又用彩色絲線繫一個蒜頭，掛在脖子上，謂之「能計算（繫蒜）」。

# 第四章　寒食與清明

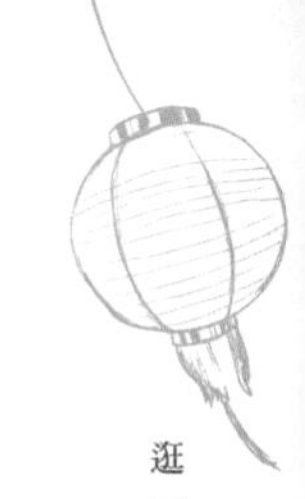



## 一年三大節，寒食居其一

在曲藝界，師徒關係是終身的，一日為師，終身為師，只要師父還活著，每年三節兩壽，徒弟都要去師父家做客，給師父送禮。

什麼是「三節兩壽」呢？兩壽，指的是師父生日、師娘生日；三節，春節、端午節、中秋節。

舉例說明：小明拜老李為師，老李三月初八生日，老李太太四月初九生日，則小明在每年三月初八和四月初九都要向老李夫婦祝壽，在正月初一（春節）、五月初五（端午）、八月十五（中秋）都要向老李夫婦賀節。

▲（宋）緙絲《群仙祝壽圖》，現藏於臺北國立故宮博物院

上述規矩大約形成於滿清統治時期。在滿清時期，不僅曲藝界如此，官場也如此，長官和長官太太過生日，僚屬也要來祝壽，每年春節、端午節、中秋節，僚屬也要向長官賀節。至於節日禮物，那當然是必不可少的啦！

宋朝還沒有這規矩。假如有，宋朝的三節肯定是另一套版本。

「國朝舊制，冬至、寒食、元正，為三大節，縱民間蒲摶三日。」（《歲時廣記》卷十五）在宋朝人心目中，三節不是春節、端午與中秋，而是春節（元正）、冬至與寒食。平常過節，不許賭博，只有春節、冬至、寒食除外，朝廷開放賭禁，允許大賭三天。

又據宋仁宗時頒布的休假法令：「冬至、寒食、元正，各假七日，餘勿得過三日。」冬至、寒食、春節，這三節各放七天假，其餘節日最多只能放三天假。該法令還專門規定了寒食節的休假時間：「清明前二日為寒食節，前後各三日，凡假七日。」清明節再往前推兩天是寒食節，以寒食節當天為中心，前面放假三天，後面放假三天，加上寒食這天，總共放假七天。

南宋初年，戰事頻繁，皇帝被金兵追得無處躲藏，無暇顧及休假。直到宋寧宗即位，才重新制定了休假法，假期比北宋時期縮水：「寒食假五日，前後各二日休務。」寒食假期從七天縮為五天，還是以寒食當天為中心，前面放假兩天，後面放假兩天。與此同時，春節和冬至的假期也變成了五天。所以說，即便到了南宋，寒食仍然能與春節和冬至並駕齊驅，仍然是三大節之一。

現代人都知道春節，也知道冬至，但對寒食會比較陌生一些，我們早就不把這個曾經非常重要的節日當回事了。二〇一九年寒食在哪一天？二〇二〇年寒食在哪一天？誰知道？恐怕大多數朋友都不知道。

寒食是節日，宋朝人非常重視的傳統節日，但它就像二十四節氣裡的節氣，除非經過推算，否則你不知道它究竟會在哪一天。宋朝人的推算方法是以冬至為準，從上一年的冬至往後推一百零五天，即是這一年的寒食；從這一年的冬至再往後推一百零五天，即是下一年的寒食。

比如說，二〇一八年冬至在十二月十六，往後數一百零五天是二〇一九年二月二十七，所以二〇一九年寒食就在二月二十七；二〇一九年冬至在十一月二十七，往後數一百零五天是二〇二〇年三月九日，所以二〇二〇年寒食就在三月九日。

讀者諸君查《萬年曆》，可能會查到不一樣的結果，你們查到的二〇一九年寒食可能在二月二十九，二〇二〇年寒食可能在三月十一。還有一種可能是，你們的《萬年曆》上根本就查不到寒食，只有清明節，沒有寒食節。

這是為什麼呢？因為宋朝人編訂曆法，是先推算出冬至，再根據冬至推算寒食，最後再根據寒食推算清明——寒食比冬至晚一百零五天，清明又比寒食晚三天。而現代人編訂曆法，是先推算出二十四節氣，其中包括清明，回過頭來再根據清明推算寒食——清明在後，寒食在前，寒食緊貼著清明，只比清明早一天。這種「現代化」的推算方法，起源於清朝初年傳教士湯若望的曆法改革。湯若望改革曆法以前，人們根據寒食定清明，寒食為主，清明為輔，清明比寒食晚三天；湯若望改革曆法以後，人們根據

清明定寒食，清明為主，寒食為輔，寒食比清明早一天。

曆法的變化可以反映節日地位的變化。在宋朝，寒食是大節，清明是小節，寒食放假七天或者五天，清明節不再專門放假，因為寒食長假當中已經包括清明了。在今天，清明成了傳統節日，通常放假三天，寒食沒有假期，成了清明的附庸，甚至在家用桌曆和一些電子版日曆上，完全看不到寒食。你在街上隨手拽住一個人，無論男女，無論老少，無論南方人還是北方人，問問人家知不知道寒食節，十個有八個不知道。

## 生火招罵，還被罰款

現代人不知道寒食節，並非壞事，假如這個節日到了今天還盛行的話，會給我們帶來很多麻煩。

什麼是寒食？寒，冷也；食，飯也。所謂寒食，就是吃冷飯，這個節日期間，不能生火做飯。不是開玩笑，真的不能生火。

是寒食當天不能生火呢？還是整個寒食假期都不能生火呢？按宋朝規矩，從寒食當天凌晨開始禁火，一直禁到清明凌晨。前文不是說過嗎？宋朝曆法將清明定在寒食後第三天，從寒食凌晨到清明凌晨，總共三天三夜，也就是不能煮飯、不能燒菜三天三夜。

不能煮飯，不能燒菜，只能吃冷食，吃剩飯。那可是春天，是農曆二月或者三月，天氣尚寒，頓頓吃冷飯，腸胃受得了嗎？真的有人受不了。歐陽修寒食詩云：「多病正愁餳粥冷。」本來正鬧病，身體不舒服，寒食期間還不能吃口熱飯，歐陽修不開心。

《歲時廣記》第十五卷記載：「慶曆中，京師人家庖廚滅火者三日，各於密室中烹炮爾，後稍緩矣。」宋仁宗慶曆年間（一〇四一～一〇四八年），開封市民過寒食，每年禁火三天，有些人家不願吃冷飯，廚房不敢冒煙，偷偷在臥室裡燒飯。慶曆年間過後，火禁稍寬，人們漸漸可以光明正大地生火做飯，不用再偷偷摸摸了。這句古文敘述簡略，據常識推想，慶曆之後火禁之所以稍寬，可能是因為人們在臥室裡偷偷做飯的時候，鬧出了火災，官府不得不明令開放火禁。

事實上，宋朝官府並不如何禁火，倒是一些老百姓非常在意這個。《歲時廣記》第十五卷又有記載如下：

元豐初，官鎮陽，鎮陽距太原數百里，寒食火禁甚嚴，有輒犯者，閭里記其姓名。忽遇雨雹傷稼，則造其家，眾口編謫之，迨不能自容，以是相率不敢犯。

宋神宗元豐初年（一〇七八年），某人在距離山西太原幾百里的鎮陽做官。鎮陽人民非常重視寒食火禁，如果誰家在寒食期間做飯，會被鄰居們記下來。寒食過後，風調雨順則罷，萬一碰上自然災害，

例如一場冰雹砸壞莊稼，鄰居們就會歸罪到那戶人家頭上，鳴鼓而攻之，罵得那家人在當地待不下去。因為這個緣故，當地人過寒食，家家戶戶都不敢生火。

南宋筆記《癸辛雜識》記載了更為嚴格的禁火習俗：

綿上火禁，升平時禁七日，喪亂以來猶三日。相傳火禁不嚴，則有風雹之變。社長輩至日就人家，以雞翎掠灶灰，雞羽稍焦卷，則罰香紙錢。有病及老者不能冷食，就介公廟卜乞小火，吉則燃木炭，不吉則死不敢用火。或以食暴日中，或埋食器於羊馬糞窖中，其嚴如此。

綿上是地名，在今山西省介休市東南，那裡的寒食火禁比山西鎮陽還要變態。北宋沒滅亡時，別處寒食禁火三天，這裡禁火七天。北宋滅亡後，這裡才把火禁縮短到三天。當地百姓迷信，認為寒食如果不禁火，會招來颶風和冰雹。所以每年寒食期間，族長和村幹部都會挨家挨戶查看，用雞毛去掃灶膛裡的灰，如果雞毛變焦，說明這家動了火，當場罰款。老人和病人不能吃冷飯，可以去介公廟裡上香求籤，得到吉籤才能生火，否則只能繼續吃冷飯，哪怕病死也不敢動火。有些人家為了讓冷飯稍稍變暖一些，將飯菜搬到陽光下曝晒；有些人家為了向外人展示寒食不吃熱飯的決心，將鐵鍋埋到家畜的糞堆裡。

寒食期間幹嘛禁火呢？為了保護森林？不可能，秋、冬才是森林真正需要防火的季節。為了減少霧霾？更不可能，古代中國很少有霧霾危害。

關於寒食火禁以及寒食節的起源，如今有兩個主流解釋。

第一個解釋涉及春秋戰國的歷史名人介子推，差不多到了婦孺皆知的地步。說是春秋時期，晉國內亂，晉公子重耳出逃，路上沒飯吃，餓暈了過去，介子推從大腿上割下一塊肉，煮成肉湯，救了重耳一命。多年以後，重耳歸國，面南為君，成了晉文公，對當年護駕有功的臣子論功行賞，竟然把介子推給忘了。介子推很生氣，背上母親逃入深山，發誓不吃晉國一粒米。後來晉文公想起介子推，親自帶隊去山裡請他，介子推死活不出來。晉文公喊話：「快下山，再不下山我們就燒山了！」介子推無動於衷。晉文公腦子短路，真的讓人點火。滿山大火堵住去路，把介子推和他娘活活燒成灰燼。晉文公既後悔又傷心，為了紀念介子推，將冬至後第一百零五天定為寒食節，禁止全國臣民在那天生火，這就是寒食節的來歷。

第二個解釋只有理論，沒有故事，知道的人很少。

這個解釋是這樣的：上古時期，鑽木取火，生一次火很難很難，必須把火種保存起來，不斷添柴，一燒就是一年。古人認為，火種裡面一定蘊含著某種神力，否則不可能生生不滅，可是一年過後，這種神力就變弱了，會有惡靈趁虛而入，占據火種，如果繼續使用，將給大家帶來災害。所以，每年都要定期讓火種熄滅一次，殺死惡靈，幾天後再來一次鑽木取火，得到新的火種和新的神力。

以上兩個解釋，哪個更可靠一些呢？也許都不可靠。我個人更不喜歡第一個解釋，因為我不喜歡介子推。

介子推這個人，假如在歷史上真實存在過，假如他的故事真的發生過，那他完全不值得紀念。他割自己的肉去餵主人，死忠；主人忘記他的功勞，他逃進深山，小氣；別人都要放火燒山了，他還不出來，愚蠢；他死就死，還帶著老娘一起，不孝。一個死忠的、小氣的、愚蠢的、不孝的變態，憑什麼讓我紀念？如果他是我朋友，我一定和他絕交。如果他是我兄弟，我會揍得他屁滾尿流。

我們不聊介子推，只聊寒食，這個節日不讓吃熱飯，老人和病人想生火還得去介子推廟裡燒香禱告，合理嗎？對健康有益嗎？既然不合理，對健康不利，那就是陋俗，應該廢除。

曹操當年就廢除過寒食禁火的陋俗，他頒布的《明罰令》有云：

聞太原、上黨、西河、雁門，冬至百五日皆絕火食，云為介子推。且北方沍寒之地，老少羸弱，將有不堪之慮。令人不得寒食，犯者家長半歲刑，主吏百日刑，令長奪一月俸。

太原、上黨、西河、雁門這幾個地方，寒食節都吃冷飯，據說是為了介子推。北方的春天溼冷陰寒，老人和小孩吃不上熱飯，恐怕會因此丟掉小命。從今以後，廢除寒食火禁，不許再過寒食，如有人違反，戶主坐牢六個月，鄉長坐牢一百天，縣長停發一個月工資。

## 不能洗澡，不能洗臉，不能梳妝打扮

曹操有沒有將寒食禁火的陋俗徹底廢除掉呢？當然沒有。如果徹底廢除的話，宋朝山西民間決不可能迷信「火禁不嚴，則有風雹之變」，里長和族長們絕對不敢挨家挨戶上門檢查，那些百姓也用不著將鐵鍋埋到糞堆裡了。

寒食帶來的麻煩遠不止此。

《歲時廣記》第十五卷「百三日」條：「去冬至一百三日，為炊食熟，以將禁煙，則饗飧當先具也。而以是日沐浴者，因其炊熟之盛，又從此三日無燂湯之具也。」從冬至往後數一百零三天，距離寒食還有兩天，寒食即將到來，火禁即將開始，必須準備未來三天乃至七天的熟食，各家廚房都忙碌起來，蒸米飯、蒸饅頭、燉肉、炸魚、備辦各種小點心，煎炒烹炸齊上，葷素濃淡俱全。食物太多，無處存放，鍋碗瓢盆都占滿了還不算，連澡盆和浴缸裡都存滿了吃的喝的。平常那些每天都要洗澡的人，在這天肯定洗不成，因為澡盆和浴缸騰不出來。即使到了第二天、第三天，將澡盆和浴缸裡的食物吃完了，還是沒辦法洗澡，因為寒食節不能動火，不能燒水，非要洗澡的話，只能洗冷水澡，凍得感冒。

《歲時廣記》第十五卷「蓄井水」條：「世傳婦人死於產褥者，其鬼惟於百五日得自湔濯，故人家

前一日皆蓄水，是日不上井，以避之。」本書上篇第一章說過，宋朝婦產科野蠻落後，近乎巫術，婦女難產死亡率極高。宋朝人還很迷信，倘若婦女難產而死，或者雖然順產，卻因為營養和保健不當，死於產後風，就會成為孤魂野鬼，在寒食那天聚集到水井之中，洗去身上的血汙。為了避開這些女鬼，寒食當天不能挑水。不挑水，怎麼喝水呢？在寒食節的前一天去挑，多挑幾桶，留著寒食節那天用。

傳說中的介子推不是在山西被燒死的嗎？山西人民過寒食，還有一項忌諱：寒食當天，女生不能洗臉，不能梳妝打扮，以免引來災禍。

洗臉、梳妝怎麼能引來災禍呢？因為介子推的妹妹不想看到別的女生比她漂亮。據宋朝民間傳說，介子推有一個妹妹，介子推在寒食那天被別人放火燒死，他的妹妹在冬至那天被自己放火燒死——介妹妹從哥哥被燒死那天起開始攢柴禾，攢了一大堆，冬至那天，一火焚之，自己衝進火堆，步了哥哥的後塵。

介子推死後成神，介妹妹死後也成了神，但這對兄妹神仙沒一個好心：哥哥不許人家生火做飯，妹妹不許人家梳妝打扮。寒食那天，介妹妹出來巡遊，瞧見哪個女生穿得花枝招展，就讓人家跳河而死；瞧見哪個女生長得比她漂亮，就讓人家跳井而死。所以，凡是迷信介子推兄妹的宋朝山西人，都不敢沖犯二人，寒食期間既不生火，也不洗臉。

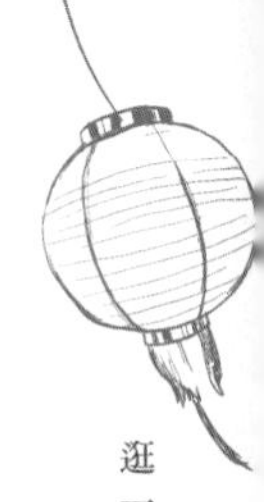



不洗臉，不梳妝，不能穿漂亮衣服，愛美的女生會覺得彷彿天塌了一樣，可是這一禁忌剛好可以迎合特別懶惰的婦女——本來就不想洗臉，剛好可以藉這個禁忌，名正言順地不洗臉。

宋朝有民諺：「懶婦思正月，饞婦思寒食。」正月裡忌做女紅，懶惰的婦女可以藉故休假；寒食節不能做飯，會提前備下很多很多好吃的熟食，特別是不易變質的油炸食品，饞嘴的婦女可以藉機解饞。

但我覺得，無論是懶婦還是饞婦，都會喜歡寒食節，因為寒食節不僅可以解饞，更可以偷懶。不用洗臉，不用打扮，不用生火做飯，起床就吃，吃完就睡，睡醒再吃，吃完再睡，這不正是懶婦加饞婦夢寐以求的好日子嘛！

## 寒食的吃喝和玩具

寒食節雖說不能做飯，節令食品仍然少不了。

宋朝寒食都有哪些節令食品呢？

首先是粥，加了麥芽糖的粥。

北方人將麥子泡軟，磨掉硬皮，留下麥仁，加入磨成稀糊糊的杏仁，一起熬煮，快要出鍋時，再加入一碗濃稠的麥芽糖汁，攪拌均勻，濃香甜蜜，口感軟脆，名曰「麥粥」。

南方人用粳米煮粥，也加入麥芽糖，名曰「餳粥」。

這些粥當然要在寒食節前煮好，寒食期間只能喝冷粥。甜歸甜，熱度不夠。

除了粥，還有兩種麵食，一種叫「子推燕」，一種叫「棗餾」。子推燕是蒸熟的麵點，形如飛燕，用柳條串起來，掛在門楣上。棗餾也是蒸熟的麵點，形如饅頭，但這饅頭上插滿了大棗，紅白分明，喜慶熱鬧。

除了麵食，還有肉食。北宋開封人過寒食，有一種肉食叫「凍薑豉」，其實就是用薑末和豆豉涼拌的豬肉凍。寒食之前，燉煮豬肉，將肉撈出，留下肉汁，放涼以後，自成肉凍，盛出來，切成塊，片成片，小心翼翼地拌上薑末和豆豉，就著這道菜，可以吃棗餾和子推燕。

《東京夢華錄》載，寒食節當天，開封城裡叫賣稠餳、麥糕、乳粥、酪乳餅的特別多。其中麥糕、乳粥、酪乳餅只有名稱，沒寫做法，不知道怎樣烹飪。稠餳容易解釋，就是熬好的麥芽糖，濃濃的、黏黏的，甜味不重，香氣撲鼻。

寒食節期間，宋朝小販叫賣麥芽糖的方式很有特色，不吆喝，只吹簫。小販挑著兩桶麥芽糖，走街串巷，走累了，歇一歇，抽出竹簫，嗚嗚咽咽吹上一曲。小朋友一聽，就知道賣麥芽糖的來了，向父母要兩文錢，跑出來買上一小碗。北宋狀元宋祁寒食詩云：「草色引開盤馬路，簫聲吹暖賣餳天。」歐陽

修的好朋友梅堯臣也有詩：「千門走馬將開榜，廣市吹簫尚賣餳。」寒食都過完了，朝廷張榜公布進士名單，大街上還有小販在吹簫售賣麥芽糖。

宋朝小朋友也許並不討厭過寒食，一是能吃上香甜的麥芽糖，二是有機會買到一些特別好玩的小玩意兒。

《歲時廣記》第十六卷介紹了兩款寒食玩具，一款叫做「竹籠兒」，一款叫做「小車兒」。光聽名字，聽不出它們有多神奇。實際上，竹籠兒是一整套玩具，用竹籠裝起來，內有木刀、木槍、小旗、小扇子、小弓、小箭、小靶子。那竹籠本身也是玩具，製作精巧，籠身編成亭子，蓋子編成飛簷，

飛簷下面還掛著一圈小鈴鐺。小車兒也是一整套玩具，包括拉土的土車、救火的水車、人們乘坐的馬車、比普通馬車要豪華的轎車、比普通轎車更豪華的輅車。這些車，長一尺左右，寬半尺左右，竹木製成，木輪、木廂、木牛、木馬、木小人，機關精妙，上了發條，牛、馬會跑，小人會動，車輪會滾滾向前。

據我看，如此好玩的玩具，即使拿到今天，也會受到歡迎的。

## 清明賜新火

寒食過後第三天，火禁結束，清明到來。

唐、宋兩朝都有一項傳統：清明節凌晨，皇帝會讓幾十個小太監一起鑽木取火，用削尖的棗木橛子去鑽乾透的榆木疙瘩，借助繩索和簡易的機關，繩索綁在木橛上，橛子鑽在榆木上，兩條腿牢牢抵住榆木，兩隻手緊緊抓牢繩索，一左一右拽起來，哧，哧，哧，飛速轉動木橛，透過摩擦生熱，鑽出熱氣，鑽出火星，直到鑽出火苗來。這個過程非常艱難，成功率很低，但那幾十個小太監，總會有一個成功。誰能成功，誰就能得到皇帝的重賞，因為他為皇家帶來了新火。

▲（宋）竊曲紋青銅豆，為皇家祭祀用具，現藏於臺北國立故宮博物院

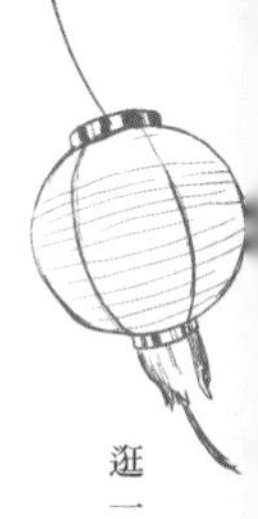



皇家有了新火，會用這新火點亮許許多多的蠟燭，用罩子罩著，再派太監分送到宗室親貴和文武大臣家裡去。有資格得到這一賞賜的，只有王爺、宰相、副相、樞密使（國防部長）、三司使（財政部長）、開封知府、翰林學士、進京述職的安撫使（軍區司令）、後宮嬪妃，以及宮中有頭有臉的大太監。歐陽修詩云：「自憐慣識金蓮燭，翰苑曾經七見春。」歐陽修見慣了每年清明節賜給大臣的蠟燭，因為他當了七年的翰林學士，已經有七次分賜新火了。

宋朝人平日取火，肯定不會用棗木橛子去鑽榆木疙瘩，除非他們笨得像榆木疙瘩。在宋朝，無論皇宮還是大臣府上，包括普通老百姓家裡，都有火刀、火石、火媒子。想生火做飯，只需拿起鈍厚的鐵刀，敲擊黑色的燧石，啪嗒，啪嗒，啪嗒，火星飛濺，濺到用燈芯草或者細綿紙捲成的火媒子上，輕輕吹旺，將火星變成火苗，即可引燃乾柴。寒食火禁，各家無火，到了清明節需要重新生火，那也用不著鑽木取火，用不著讓皇帝專門派太監送來新火。宋朝清明節之所以保留了鑽木取火和分賜新火的儀式，僅僅是為了向上古之人致敬而已。

從民俗學的角度講，儀式愈繁瑣，就愈顯得隆重。有簡單快捷的火刀、火石不用，偏去鑽木取火，這種不必要的繁瑣儀式，可以體現出大宋皇家清明節的隆重和高貴。王公貴族和文武近臣並不需要皇帝賜給新火，皇帝偏要讓太監去送，像傳遞奧運聖火一樣小心傳遞著一根根燃燒的蠟燭，可以體現出皇帝

對近臣的關心和寵信。

沒有資格獲賜新火的官員，如果有閒且喜歡，也可以自己玩鑽木取火。當年蘇東坡在杭州做市長，清明節歇班，去西湖遊玩，和一和尚鑽木取火，還寫詩紀念：「寒食清明都過了，石泉槐火一時新。」槐火一時新，說明他鑽的不是榆木疙瘩，而是槐木疙瘩。

## 掃墓一整月

清明節早晨，取得新火，引燃柴禾，倒掉冷飯，改吃熱食，寂寞了幾天的鍋灶恢復了往日的熱鬧，美好生活繼續。但在某些地方，例如山西一帶，還要禁火到清明以後。結果呢，清明節上墳，不能燒紙，只能把紙錢撒到墳頭上，掛在樹枝上。

莊綽《雞肋編》卷上：「寒食火禁，盛於河東，而陝右亦不舉爨者三日。……上塚亦不設香火，紙錢掛於塋樹。」山西與陝西極重火禁，清明上墳也不能燒紙，將紙錢掛到墳墓旁邊的樹上，一串串，一簇簇，彷彿花朵盛開。

寒食禁火，不讓吃熱飯，這個風俗極壞；上墳不讓燒紙，倒值得我們效法。現代清明掃墓，很多地方仍有燒紙錢和放鞭炮的惡習，鄉間墳墓稀疏，天廣地闊，鞭炮聲不顯得刺耳，如果是去城郊的公共墓

▲（南宋）劉松年《十八學士圖》

地，鞭炮聲震耳欲聾，火藥味鋪天蓋地，紙灰與炮仗齊飛，簡直能把你嗆得喘不過氣來，使本來就糟糕的空氣品質變得更加糟糕。

記得二〇一一年清明節，我攜家帶眷返鄉祭祖，剛從後車廂裡取出供品，就看見遠處黑煙滾滾，村頭一戶人家的廚房失火了。為什麼會失火呢？原來那戶人家緊挨著一片楊樹林，楊樹林後面是一小片家族墓地，人稱「楊樹墳」。楊樹會開像柳絮一樣的白花，白花落在地上愈積愈厚，像火藥一樣易燃。而在那天上午，有人去楊樹墳祭祖，風一刮，把沒有燒盡的紙錢刮到了楊樹林裡，滿地白花頓時變成一排火線，呼呼地燒著了那家的房子。

宋朝山陝一帶，清明節時火禁還在，既然禁止用火，那肯定不能放鞭炮，肯定不能燒紙錢，這樣就不至於製造噪音，不至於增加空汙，不至於造成火災。唯物主義辦證法告訴我們，凡事都有兩面，一面好，一面壞，寒食禁火，對腸胃不好，對環境很好，算是利弊各半。

不過，宋朝人掃墓，未必都在清明那天。《歲時廣記》第十五卷「百四日」條：

> 民間以一百四日始禁火，謂之「私寒食」，又謂之「小寒食」。北人皆以此日掃祭先塋，經月不絕，故俗有「寒食一月節」之諺。

冬至後第一百零五天為寒食，民間一般從寒食節前一天開始禁火，這一天是冬至後第一百零四天，

被人們稱為「私寒食」，又叫「小寒食」。從小寒食那天開始，北方人就可以掃墓了，此後整整一個月當中，都是可以掃墓的日期。故此民間有一句諺語：「寒食一月節。」意思是整個月時間都能掃墓，相當於把寒食延長到一個月。

掃個墓而已，一天就行了，用得著浪費一個月嗎？其實宋朝人也沒辦法，因為交通太落後了。士子在外遊學，客商在外售貨，離家可能幾百里，現在開車幾小時可到，過去騎馬、坐轎、搭乘木船，順風掛帆，逆風登岸，最有效的交通工具就是雙腳，一路上可能要花七、八天，打尖住店可能要花幾千文，假如不留出十分充裕的時間，怎麼來得及回家掃墓呢？

# 第五章　四月煮酒，五月解粽，六月頒冰

## 浴佛和煮酒

對佛門來說，農曆四月有一個很重要的節日，那就是四月初八浴佛節。

大正藏第三冊《過去現在因果經》講述，佛陀在藍毗尼園無憂樹下降生時，天上九龍吐水，最清淨的香水澆灌在佛陀的頭上，再從頭頂噴灑而下，澆注全身，洗淨了他的身體。所以，後世佛教徒為了紀念佛陀的誕生，每年都要在佛陀生日那天舉行盛大的浴佛儀式。

佛陀生日是哪天呢？佛經中譯本說法不一，因為梵文原典沿用印度曆，中文譯本沿用農曆，古印度與古中國大小月的規定不一樣，連一年的起點都不一樣，兩種曆法轉換之時，總會有這樣那樣的差異。《長阿含經》將佛陀生日定為二月初八，《太子瑞應本起經》將佛陀生日定為四月初八，日本佛

▲（宋）蘇漢臣《灌佛戲嬰圖》，現藏於臺北國立故宮博物院

教由於明治時期舊曆改新曆的緣故，將佛陀生日定為西曆四月八日，南傳佛教和藏傳佛教又將西曆五月分的月圓日定為佛誕節，而在晚唐和五代時期，北方禪宗還曾經將臘月初八當成佛誕日，在佛陀成道那天舉行浴佛儀式。

好在宋朝佛門基本上取得了共識，無論禪宗還是淨土宗，無論南方還是北方，都統一將四月初八定為佛誕節，也就是浴佛節。

《東京夢華錄》載：「四月八日，佛生日，京師十大禪院皆有浴佛齋會，煎香藥糖水相遺，名曰浴佛水。」北宋開封四月初八，十大寺院同時舉行浴佛齋會，用香料與蔗糖煎煮熱飲，稱為「浴佛水」，贈送給參加齋會的香客和常年供佛的施主。

《武林舊事》載：「四月八日為佛誕日，諸寺院各有浴佛會，僧尼輩競以小盆貯銅像，浸以糖水，覆以花棚，鐃鈸交迎，遍往邸第富室，以小勺澆灌，以求施利。」南宋杭州四月初八，各大寺院都有浴佛會，和尚和尼姑捧著小盆，盆裡放著釋迦牟尼的

▲宋朝人鑄造的大日如來銅像，現藏於臺北國立故宮博物院

銅像，浸泡在糖水之中，上搭花棚，其他僧尼奏響樂器，從王公貴族和富商大賈的門口經過，請這些大施主用小勺舀起糖水親自浴佛，可以得到大把大把的香火錢。

查佛教經論，如《灌臘經》和《浴佛功德經》，浴佛主要用香水，即用檀香、沉香、松香、麝香、丁香、龍腦等香料浸泡而成的水。先用含有香料的香水灌佛，再用不含香料的清水擦拭。但是根據《東京夢華錄》和《武林舊事》的描述，兩宋都城僧人浴佛，用的主要是糖水。宋朝造糖技術空前先進，糖比香料便宜，用糖水浴佛，比用香水浴佛成本低。更重要的是，糖水更好喝，浴佛之後送給施主，味道甜甜的，可以當飲料，從精神層面講，還有驅魔祛病的效果。

與漢、唐時期佛教相比，宋朝佛教更加世俗化，不受戒律約束的僧人愈來愈多。據歐陽修《歸田錄》、陸

游《老學庵筆記》、文瑩《湘山野錄》、慧洪《冷齋夜話》等宋人筆記，在北宋開封，即使是與當朝大佬交好的所謂高僧，也有飲酒食肉的。我剛才列舉的那四部宋人筆記之中，《湘山野錄》和《冷齋夜話》都由僧人撰寫，文瑩和慧洪都是文思卓絕的和尚，著作中都提到自己飲酒或者吃肉的經歷，他們可以光明正大地當成段子來講，毫不避諱。

既然僧人並不避諱飲酒，那麼我們不妨在這個寫浴佛的小節裡再補充一些酒的故事。

南宋杭州，浴佛節之前，四月初一或初二，是官營大酒廠開始煮酒的日子。《武林舊事》第三卷〈迎新〉記載：「戶部點檢所十三酒庫，例於四月初開煮，九月初開清。」南宋財政部下點檢所，點檢所經營著十三座酒廠，通常在每年四月初開煮，到九月初開清。

這裡說的「開煮」，是開始造酒的意思。中國喜用穀物造酒，將穀物洗淨，泡透，煮熟（或者蒸熟），攤涼，拌麴，封缸，發酵，開缸，濾糟，陳放，是其基本工序。

九月初「開清」，是指發酵完成，開缸濾糟。已發酵的穀物變成了酒液，未發酵的酒糟懸浮在酒中，酒體渾濁，需要過濾，過濾之後，酒體清澈，故名開清。

四月初釀造，九月初完工，說明發酵時間是五個月，如此釀成的酒，十有八九是黃酒，假如中間不多次投飯、多次發酵的話，酒精度數最多十幾度。開缸濾糟，濾過的酒可以馬上飲用，是為「新酒」。

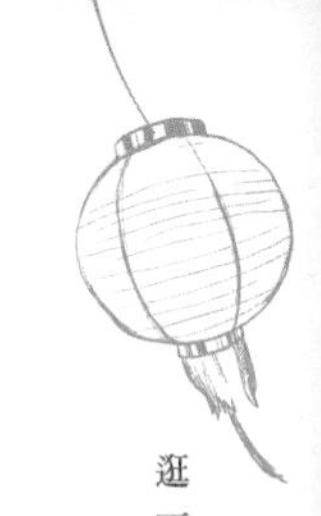



將新酒高溫殺菌，繼續封缸，陳放到臘月，叫做「臘酒」。臘酒是老酒，度數比新酒稍高一點點，味道比新酒稍稍醇厚一點點，但甜度會有所下降。

《水滸傳》中，武松上景陽岡打虎之前，在一家小酒館打尖，酒館夥計自賣自誇：「我家的酒雖是村酒，卻比得上老酒的滋味。」他們家的雖說是私釀的新酒，但是用料精，手藝好，純度高，芳香醇厚，堪比陳放的老酒。

## 從端一到端五

聊過四月，再聊五月。五月有什麼傳統節日？當然是端午節。

我們現在將五月初五定為端午，古人也將五月初五定為端午，不過在一部分古人看來，我們把字寫錯了，應該寫成「端五」。

晚唐文人李濟翁《資暇集》：「端，始也，仲夏端五，謂五月五日也，今書端午，其義無取。予家元和中端五詔書，無作午字。」

李濟翁說，「端」是開始的意思，仲夏端五，即五月初五，大家寫成「端午」，是沒有憑據的亂寫。他們家收藏著一道唐憲宗元和年間（八〇六～八二〇年）端午節頒布的聖旨，寫的就是「端五」，而非「端

午」。

《歲時廣記》第二十一卷「端一日」條也有相關考證：

京師市廛人以五月初一為端一，初二為端二，數至初五謂之端五。洪邁《容齋隨筆》，唐玄宗八月初五生日，群臣上表賀喜，有「月在中秋，日惟端五」之語。

北宋開封民間稱五月初一為端一，五月初二為端二，五月初三為端三，五月初四為端四，五月初五為端五。據南宋洪邁《容齋隨筆》，唐玄宗八月初五那天生日，群臣上表祝壽，賀詞裡寫的是「月在中秋，日惟端五」。可見端五就是初五，五月端午應該寫成五月端五。

前面的考證也許可靠，端午節也許真該寫成端五節，但是我們現在都寫成端午，改成端五反而感覺怪怪的，還是將錯就錯好了。

《歲時雜記》載：「京師人自五月初一日，家家以團粽、蜀葵、桃柳、杏子、林檎、李子，焚香或作香印，祭天者以五日。」從五月初一到五月初五，都是北宋開封人端午祭天的日子。用什麼祭天呢？

▲（宋）蘇漢臣《五瑞圖》，現藏於臺北國立故宮博物院

用粽子、蜀葵、桃枝、柳枝、杏、林檎、李子做供品，點燃線香或者名貴的香印——用香料搗末和勻壓模製成造型精巧的塊香。

《東京夢華錄》載：「都人爭造百索、艾花、銀樣鼓兒花、畫扇，香糖、果子、粽子、白團、紫蘇、菖蒲、木瓜，並皆茸切，以香藥相和，用梅紅匣子盛裹，謂之端五節物。」開封人搶購百索、艾草、銀樣鼓兒花、有畫的團扇，還要準備糖果、乾果、水果、粽子、糯米團、紫蘇、菖蒲、木瓜，以上果子和點心全部切碎，拌上香料，用梅紅色的小木盒裝起來，做為節禮，互相饋送。

《東京夢華錄》又載：「自五月一日起及端午前一日，城內外爭買桃柳、葵花、蒲葉、佛道艾，次日家家鋪陳於門首，以粽子、五色水團、茶酒供養。又釘艾人於門上。士庶遞相宴會。」從五月初一到五月初四，開封城內市民與城郊農民搶購桃枝、柳枝、蜀葵（宋朝沒有向日葵，所謂葵花，是指蜀葵的花）、菖蒲（或者菖蒲的近親蒲葦）、艾草。端午那天，將桃枝、柳枝、蜀葵、蒲草、艾葉供養在門口的香案上，用粽子、五色水團、茶湯、黃酒做供品。同時還要用艾草紮成人形，釘在大門上，用來辟邪。這天也是宴請賓客的好日子，士人和百姓都會請親朋聚飲。

總而言之，宋朝人過端午，過得很隆重，從五月初一起，就在準備節日用品。端午那天，家門口陳設一大堆驅邪和化煞的東西，試圖趕走壞運氣，換來好彩頭。

## 艾虎，百索，道理袋，菖蒲酒

以上兩節引用太多古文，讀起來不順暢，下面全用大白話，說說宋朝端午節的特色。

現在提到端午節，差不多所有人都會想到粽子、艾葉、龍舟、雄黃酒——這四樣東西，似乎成了文化遺產，似乎是傳統端午節的必備要素。但宋朝端午並非如此，當時既不賽龍舟，也不喝雄黃酒。

粽子和艾葉，宋朝端午倒是有的。

大宋粽子品類甚多。從造型上分，有三角形的角粽，有圓柱形的筒粽，有橙錘狀的橙錘粽，還有九子連環串成寶塔的九子粽。

從口味上講，有裹了蔗糖的甜粽，有裹了紅棗的棗粽，有裹了板栗的栗粽，有裹了核桃的胡桃粽，有加了松子的神仙粽，有拌了香料的香藥粽。

從顏色上看，有純白如玉的白粽，有暗黃似金的黃粽，有用艾草汁染綠的綠粽，有用艾草灰染黑的黑粽，有同一粽子而分五色的五色粽。

宋朝人過端午，粽子不僅是用來吃的，更是用來玩的。親朋相聚，解粽賭酒——每人發一顆用菰葉裹成的粽子，各剝各的，誰剝開的粽葉最長，誰勝出，勝者可以罰輸者飲酒。

二〇一八年暑假，我帶孩子去浙江烏鎮，端午早過去二十多天，在許多老屋的大門上仍能看到捆紮的艾葉，原本鮮綠的艾葉完全乾枯，但並未被主人取下。一小把艾草，夾著桃枝、柳枝、蒲葦和一顆大蒜，用紅線紮成細長的一捆，或者斜插在門環裡，或者懸掛在門楣上。

宋朝人過端午，也會將艾葉插在門上辟邪。除此之外，他們還會用艾葉、竹子和鐵絲紮成一隻小老虎，放在大門外，虎尾對著大門，虎頭對著大街，這隻老虎叫做「艾虎」。他們相信，艾草能祛病，老虎能辟邪，

▲烏鎮老街門首的艾草、蒲葦、桃葉與大蒜

有艾虎鎮守家門，百毒不侵，百病不生，百邪不入。

艾虎有大小。大艾虎可以做成聖誕樹那麼大，放在門口；小艾虎可以做成小黑豆那麼大，插在頭上。宋朝市面上出售一種小艾虎，是用碎布拼成的小香包，外面繡著蜈蚣、蚰蜒、小蛇、蠍子、蜘蛛等五種毒蟲，裡面包著一片艾葉，用簪子串起來，插在髮髻上，行動之間，有如百神護佑。赤貧百姓買不起這種小香包，就捋一把艾葉插頭上，彷彿插標賣首。

宋朝端午節，男男女女走出家門，標準裝扮是這樣子：頭上插艾，臂上戴索，額頭畫雄黃，腰纏道理袋。

臂上戴索，戴的是百索，又叫「合歡索」，用彩色絲線編成，纏在胳膊上。宋朝市民喜歡養貓、養狗當寵物，有時也會給寵物戴上合歡索。這種合歡索和男女情愛沒關係，「合歡」是闔家歡樂的意思。

額頭畫雄黃，是用雄黃粉末蘸水，在額頭上畫一隻老虎，或者寫一個「王」字，或者再簡單一些，只點上一個黃點。

腰纏道理袋，那「道理袋」是用紅線摻白線編的小荷包，荷包裡裝上一小把稻子和一顆李子，有稻有李，諧音「道理」。腰帶上幹嘛要拴道理袋呢？為的是一年都交好運氣，時時處處都能碰到講道理的人，不至於被蠻不講理的笨蛋加混蛋氣壞身體。

道理袋又叫「赤白囊」，因為它用紅線和白線編的，紅線為赤，白線為白，象徵著赤口與白舌。在宋朝俗語中，「赤口白舌」就是與人吵嘴的意思，端午戴上赤白囊出門，是另一種厭勝，避免與人吵嘴。有人擔心這種厭勝法力不夠，道理袋中除了放稻子和李子，還要再加一張紙，紙上寫道：

五月五日午時書，赤口白舌盡消除。

五月五日天中節，赤口白舌盡消滅。

這就好比現代孩子夜裡哭鬧，父母安撫不了又睡眠不足，只好找一張白紙，寫一句咒語，半夜無人時，偷偷貼到外面電線桿上：

天皇皇，地皇皇，我家有個夜哭郎，過路君子讀三遍，一覺睡到滿天光！

據說只要被過路人看到，以後孩子就不再夜裡哭鬧了。

現代人過端午，有人飲用雄黃酒，以為是遵循古制，恢復傳統。但在宋朝，應該沒有這項傳統。宋朝端午節喝的酒，是菖蒲酒，不是雄黃酒。

菖蒲生長於水邊，葉片寬大，果實豐碩，飽滿有稜角，和秋葵很像，剝開厚皮，裡面是白色的種子，初嘗微甜，回味苦澀。據《呂氏春秋》記載，周文王在世時，非常愛吃菖蒲的種子，孔子崇拜文王，也學著吃，剛開始吃不下，縮著脖子往下嚥[9]，連吃了三年，才愛上這個味道。

宋朝人將菖蒲的種子晒乾，磨粉，泡進黃酒，就成了端午節的佳釀。二〇一八年端午節，我在開封西湖邊摘下幾枚菖蒲果，剝皮取仁，搗碎泡酒，有一股酸澀的味道，並不好喝。也許宋朝人泡菖蒲酒時，只用往年成熟且晒乾的菖蒲果，而我用的是尚未成熟的新果，所以達不到宋朝的風味。

或許宋朝的菖蒲酒也不好喝，但不管多難喝，都勝過雄黃酒。

我們知道，雄黃是一種礦物，主要成分是二硫化二砷，但在開採和提煉的過程中，必不可少地會出現一些其他成分，包括汞和砒霜。砒霜有劇毒，汞有毒，二硫化二砷有微毒，它們三者組成的天然礦物雄黃，不可能沒有毒。也正因為有毒，所以才能以毒攻毒，嚇跑傷口上的細菌、潰瘍中的病毒、家門口

和床底下肆虐的蚊蟲和毒蛇。

古人碰巧發現雄黃有止癢、消腫和驅蟲的功效，而端午節恰逢天氣炎熱、毒蟲盛行，所以嘗試用雄黃泡酒，喝一口，抹兩口，洗洗手，泡泡腳，希望靠這一招來祛病消災。不過我查閱最近十年以來《中國中藥雜誌》上登載與雄黃藥性有關的論文，幾乎都認為雄黃不適合做為藥用，因為它的藥性很不明顯，而副作用卻非常大。雄黃有毒，不宜入藥，這個觀念在西醫和現代中醫裡都是被主流認可的。

明、清時期，南方人過端午節，雄黃酒簡直就是標準配備。而在宋朝，雄黃酒尚未流行，值得慶幸。至於我們現代人，為了健康，請遠離雄黃酒，不要用雄黃酒洗手泡腳，更不要用這種帶毒的粉劑在孩子臉上畫老虎或者寫王字。也許那是傳統，但傳統未必都是好的啊！

## 夏至百家飯，三伏頒冰時

端午在農曆五月，夏至通常也在農曆五月。

比如說，二〇一九年夏至在五月十九，二〇二〇年夏至在五月初一，二〇二一年夏至在五月十二，二〇二二年夏至在五月二十三，都是五月分。

---

9　原文是「縮頸而食之」。

▲（宋）緙絲《溪亭消夏圖》，現藏於臺北國立故宮博物院

在個別年分，夏至還有可能與端午重合。例如一九〇九年夏至、一九七七年夏至，以及大半個世紀以後二〇七二年的夏至、二〇九一年的夏至，都在五月初五。

端午是一個節日，夏至是一個節氣，這個節氣是太陽直射北回歸線的日子，是北半球上白天最長而黑夜最短的日子，當然也是北方大部分地區進入炎熱天氣的日子。

北宋開封過夏至，有一項特殊的習俗：吃百家飯。夏至到了，天氣愈來愈熱了，吃一頓百家飯，據說能避免中暑。

什麼是百家飯？是從一百戶人家那裡討要的飯菜嗎？差不多就是這個意思。譬如一個社區幾百戶人家，夏至那天各做各的飯，每戶都將自家的飯菜分送一百戶，大家都能吃到百家飯。可是分送一百戶實在太麻煩，可能把腿跑斷，大熱天的送來送去，百家飯沒吃到，說不定在路上就中暑了。所以《歲時

雜記》有載：

百家飯難集，相傳與姓柏人家求飯以當之。有醫工柏仲宣太保，每歲夏至日，炊飯饋送知識家。

蒐集百家飯太難了，於是尋找替代方案，去姓柏的人家討要——從柏家討要的飯，可不是百家飯嗎？開封有一位醫生姓柏，每年夏至，他們家都要做很多很多飯，分送給他的老病號。

這位柏醫生是個熱心腸，值得點讚。醫生家的飯未必有醫學價值，但只要病人相信柏家飯可防中暑，那就真的能防中暑。縱觀以往幾千年的人類醫療史，安慰劑不是一直產生決定性的作用嗎？

其實夏至還不是最容易中暑的時候，夏至後面的三伏天更熱，更容易中暑。

何謂三伏？初伏、中伏、末伏。伏是降伏的伏，被炎熱降伏。誰被炎熱降伏呢？金木水火土裡的金。

眾所周知，金克木，木克土，土克水，水克火，火克金。酷暑炎熱，彷彿大火，火能克金，金被降伏，嚇得藏在土裡不敢露頭。所謂三伏天，本義就是金被降伏，不敢出頭的三個階段。

這三個階段究竟是哪三個階段？古人結合干支紀日和五行生克的原理，將夏至過後的第三個庚日定為初伏的開端，將第四個庚日定為中伏的開端，將立秋過後的第一個庚日定為末伏的開端，其中初伏十天，末伏十天，中伏十天或者二十天。

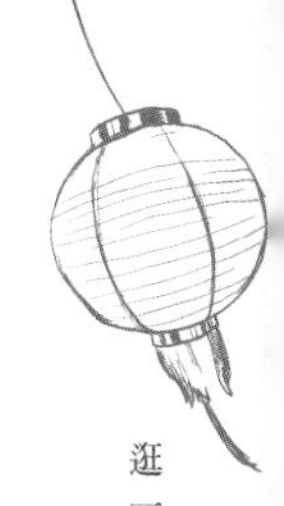



為什麼三伏的開端都是庚日呢？因為庚對應金。甲、乙、丙、丁、戊、己、庚、辛、壬、癸，分別對應金、木、水、火、土。甲和乙都是木，丙和丁都是火，戊和己都是土，庚和辛都是金，壬和癸都是水。五行又分陰陽：甲為陽木，相當於參天大樹；乙為陰木，相當於花花草草。丙為陽火，相當於熊熊烈火；丁為陰火，相當於嶙嶙鬼火。戊為陽土，相當於大漠風沙；己為陰土，相當於灶底細灰。庚為陽金，相當於金戈鐵馬；辛為陰金，相當於首飾掛件……古人用庚日來確定伏日，隱含了這樣一種意思：暑天太熱，陽火太盛，連庚金這類大型金屬器具都會被燒化。

我們以二〇一九年為例，具體來看如何推算三伏。

二〇一九年夏至在五月十九，這天是己丑日。從這天往後查，第一個庚日是五月二十，第二個庚日是五月三十，第三個庚日是六月初十，第四個庚日是六月二十，OK，初伏的開端（六月初十）和中伏的開端（六月二十）都找到了。二〇一九年立秋在七月初八，此後第一個庚日是七月十一，末伏的開端也找到了（七月十一）。

所以，二〇一九年初伏是六月初十到六月十九，中伏是六月二十到七月初十，末伏是七月十一到七月二十一。

在中國北方大多數地區，三伏是一年當中最熱的三十天或者四十天。宋朝皇帝厚待官員，為了不讓

大家中暑，能休假的官員一律休假，而那些不能休假的臣子，可以定期得到「頒冰」的賞賜。

《歲時廣記》第二十四卷「頒沙面」條：「自初伏日為始，賜近臣冰，人四匣，凡六次。」從初伏開始，定期賜給近臣冰塊，每人發四盒，總共發六次。推想起來，大概初伏發兩次，中伏發兩次，末伏再發兩次，每次發四盒，總共二十四盒。

古代沒有電冰箱，沒有造冰的機器，皇帝頒冰，冰從何來？其實是冬天從結冰的河面上鑿下來的。冬天鑿下來，藏入冰窖，第二年夏天取出，冰塊幾乎還沒融化，可以用來降溫，用來保存食物，用來製作冷飲。

鑿冰和藏冰的歷史，至少從周朝就開始了。寒冬時期，冰凍三尺，鑿冰的工人走到冰面上，先用鋒利的鐵鎬劃出橫平豎直的大線，縱橫交叉，非常規整。然後，從劃線的地方開始鑿，先遠後近，手要穩，眼要準，力要狠，鑿出來的冰塊，方方正正，不能缺角，不能斷裂。每鑿下一塊冰，都要用鉤子鉤住，拉到冰面上，推到大車上，再運到冰窖之中。

兩宋都城分布著許多冰窖，共分三種：一種是宮廷冰窖，供應皇宮和近支宗室；一種是府邸冰窖，是王公貴族自己建的，專供自家用；一種是商民冰窖，服務於商家和百姓，既批發也零售。

商民冰窖裡的冰，分為三六九等。體積大，方正，取冰的河面乾淨，雜質少，這種冰肯定貴；體積

大，方正，雜質多，化開一攤黑泥，這種冰肯定不那麼貴；鑿冰和運送時手法不當，有缺角，又有泥沙，最便宜。

宋朝人做冷飲，乃至元、明、清時期做冷飲，用的都是天然冰，取自天然水域的天然冰，看起來晶瑩剔透，一旦化開，能見到一些泥沙，甚至還會含有水生微生物的屍體和分泌物。所以，千萬不要認為古代的飲食都是健康的。

《宋史》第三百八十五卷載有宋孝宗和禮部侍郎施師點的一段對話。宋孝宗說：「朕前飲冰水過多，忽暴下，幸即平復。」朕前幾天吃冷飲吃得太多，搞得拉肚子，幸好很快痊癒了。

# 第六章　從立秋到重陽

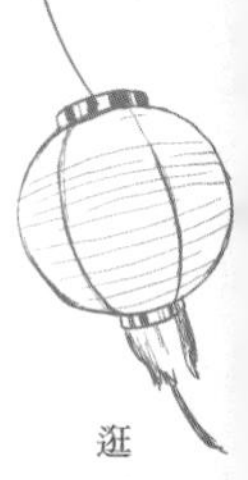



## 楸葉報立秋

立秋，二十四節氣當中的第十三個節氣，通常在農曆六月底或者七月初，這天被古人當作秋天的起點。

宋朝人過立秋，要飲秋水，還要戴楸葉。

秋水不是水，是用赤小豆加糖熬煮的紅豆湯。

楸葉呢？自然是楸樹的葉子。楸樹高大挺拔，綠葉紅花，葉片心形，落得早。秋風一起，滿樹楸葉緩緩飄落，暑熱退散，秋涼漸至，天地間隱隱生出肅殺之氣。宋朝人撿起地上的楸葉，剪出花樣，戴到頭上去。

《東京夢華錄》寫北宋開封習俗：「京師立秋滿街賣楸葉，婦女兒童皆剪成花樣戴之，形制不一。」立秋那天，開封商販滿街兜售楸葉，婦女和兒童買來，剪成花樣，戴到頭上。

《武林舊事》寫南宋杭州習俗：「立秋日，都人戴楸葉，飲秋水。」立秋那天，杭州人頭上戴楸葉，喝紅豆湯。

如果身邊沒有楸樹，也可以用梧桐的葉子來代替楸葉，因為梧桐也是一入秋就落葉。《夢粱錄》第

四卷有載：

太史局委官吏於禁廷內，以梧桐樹植於殿下。俟交立秋時，太史官穿秉奏曰：「秋來！」其時梧葉應聲飛落一、二片，以寓報秋意。

快入秋的時候，負責制定曆法的太史局官員會從外面刨一棵梧桐樹，移栽到宮殿之下。立秋早朝，太史局官員出班上奏：「報告皇上，秋天到了！」剛說完這句，那棵梧桐樹上就有一、兩片葉子應聲飄落，非常神奇。

很多朋友過於崇古，總覺得古人在天文和曆法方面掌握著我們無法掌握的某些奧祕，而這些奧祕又往往和「天人感應」、「天人合一」有關。

比如說，按照古籍描述，皇家天文官有一手「葭灰占律」的絕活，能讓律官報告節氣。具體做法如下：

鑄造十二根銅管，長短粗細不等，分別

對應一年當中的十二個主要節氣。將蘆葦剖開，取出內膜，燒成灰，一小撮一小撮地摁到那十二根銅管裡去，再把銅管整整齊齊地搬到密室裡，開口朝上，並排豎放。然後呢？耐心等，直到有一天，噗，某根銅管裡的蘆灰自動飛出來；再過個把月，噗，又一根銅管裡的蘆灰自動飛出來……你不用觀測天象，也不用推算日期，只看著銅管就行了，哪個銅管裡的蘆灰往外飛，就說明那個銅管對應的節氣到了。

▲（宋）郭熙《秋山行旅圖》，現藏於臺北國立故宮博物院

據說，從先秦到清初，「葭灰占律」沿用了大約二千年，可惜在清朝失傳了。現代中國極個別崇古派科學家認為，氣應灰飛可能與日地引力的周期性變化有關，是一種物理共振現象，古人用銅管占測物候，是一種極其超前的智慧，既反映了天人合一的偉大思想，又是普遍適用於電場、磁場、生物圈乃至宇宙天體的共振規律，需要我們發揚光大。但是迄今為止，還沒有任何一個科學家或科研機構能在實驗室中成功復現「葭灰占律」，所以想發揚光大也沒有機會。

事實上，早在明朝，就有學者將葭灰占律判定為精心設計的騙人把戲，是歷代天文官為了保住飯碗和腦袋而集體造假的結果。清朝初年，天文官的騙局已經被揭穿，原來他們在銅管中巧設機關，灌入可以化合生熱的幾種藥劑，等節氣一到，就在密室外牽動機關，使對應銅管裡的藥劑混合，發生化學反應，產生熱氣，將蘆灰噴出來。所以從康熙年間起，中國皇家就徹底廢除了葭灰占律這一看似巫術實則騙術的悠久傳統。

現在我們回到宋朝，回到立秋，回到太史官上奏之時。您覺得，太史官一說「秋來」，梧桐葉就應聲飄落，這是傳說中的「天人感應」在發揮作用呢？還是太史官預設了機關呢？

反正我不信什麼天人感應。

我敬畏上天，敬畏大自然，但我敬畏的是自然規律，是科學常識，是可以推算、可以驗證、可以復現的方法和理論，而不是古代騙子和現代騙子打著天人感應旗號搞出來的巫術、魔術和騙術。

## 七夕摩睺羅

與立秋離得最近的節日，應該是七夕。

七夕有時在立秋以後，有時在立秋之前，哪年碰巧了，立秋那天就是七夕，七夕那天就是立秋，節

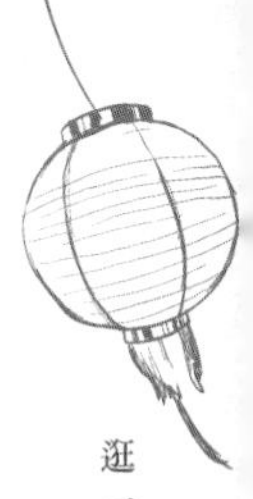



氣和節日在同一天欣然會面。當然，這個概率很低，比牛郎和織女會面的機會都要少。

秦少游填過一首〈漁家傲〉：

七夕湖頭閒眺望，風煙做出秋模樣。不見雲屏月帳，天滉漾。龍軿暗渡銀河浪，二十年前今日況。玄蟾烏鵲高樓上，回首西風猶未忘。追得喪，人間萬事成惆悵。

這首詞的題目是〈七夕立秋〉。「七夕湖頭閒眺望，風煙做出秋模樣。」說明他填這首詞的那一年，恰好是立秋和七夕會面的一年。秦少游生於一〇四九年，死於一一〇〇年，我查《萬年曆》，在秦少游一生當中，立秋和七夕確實會合過一次，那是宋神宗元豐八年，西曆一〇八五年七月三十一日，既是立秋，又是七月初七。那一年，秦少游三十七歲。

秦少游填過的詞當中，有一首〈鵲橋仙〉非常出色，也非常出名，估計很多朋友都會背。即使背不全整首，至少也能背誦最後兩句。我把這首詞抄下來，大家不妨溫習一下：

纖雲弄巧，飛星傳恨，銀漢迢迢暗渡。金風玉露一相逢，便勝卻人間萬數。柔情似水，佳期如夢，忍顧鵲橋歸路。兩情若是久長時，又豈在朝朝暮暮。

很明顯，這是一首關於愛情的作品，寫的是牛郎和織女的愛情。我們將傳統節日的七夕定為「情人節」，民眾絲毫不覺得牽強，正是因為七夕當晚牛郎和織女相會的傳說歷久彌新，深入人心。

不過假如我們穿越到宋朝過七夕，看到的愛情戲可能會很少很少，「乞巧」和「乞聰明」的場面可能會很多很多。

乞巧是女生的戲分，乞聰明是男生的戲分。《歲時廣記》第二十七卷記載：

七夕，京師諸小兒各置筆硯紙墨於牽牛位前，書曰：「某乞聰明。」諸女子致針線箱笥於織女位前，書曰：「某乞巧。」

七月初七晚上，北宋開封正在上學的小男孩們將筆墨紙硯供在牛郎牌位前，紙上寫自己的名字和願望：「某某祈求牛郎，求您讓我變得更聰明。」學習女紅的女生們則將針線笸籮供在織女牌位前，也在紙上寫出自己的名字和願望：「某某祈求織女，求您賜我一雙巧手吧！」

乞巧拜織女，乞聰明拜牛郎，祭拜牛郎、織女之時，最好設下香案，案上鋪一層楝葉，楝葉上擺放瓜果點心，以示恭敬。《歲時雜記》載：「京師祭牛、女時，其案上先鋪楝葉，乃設果饌等物，街市唱賣鋪陳楝葉。」楝葉是楝樹的葉子，是北方平原上極為常見的高大喬木，暮春開花，深秋落葉，葉子有殺蟲功效。我記得小時候，跟著祖父住在西瓜地裡，瓜庵低矮潮溼，蚊蟲甚多，祖父在麻繩編織的小床上為我鋪過厚厚一層楝葉。

楝葉可以摘到，就算摘不到，也買得到，價格必定特別便宜。宋朝七夕有一樣東西比較費錢，但又

▲宋代乞巧宴，出自王弘力《中國古代風俗百圖》

必須得買，這樣東西叫「磨喝樂」。

《東京夢華錄》云：「七月七夕，京城潘樓街東、宋門外瓦子、州西梁門外瓦子、北門外、南朱雀門街及馬行街內，皆賣磨喝樂，乃小塑土偶耳。悉以雕木彩裝欄座，或用紅紗碧籠，或飾以金珠牙翠，有一對直數千者。」七月初七晚上，北宋開封潘樓街東、宋門外瓦子、州橋以西梁門外瓦子、北門外、朱雀門南大街以及馬行街等地段，都有商販出售磨喝樂。所謂磨喝樂，實際上是一種玩偶娃娃，下有木雕底座，外罩紅紗碧籠，有的還用金銀首飾來裝飾，成對出售，一對能賣幾千文。

《東京夢華錄》又云：「七夕京師貴家多結彩樓於庭，謂之乞巧樓，陳磨喝樂、花果、酒炙、筆硯、針線，或兒童裁詩，或女郎呈巧，焚香列拜。」七月初七那天，開封富人在自家院子裡紮一座彩樓，叫做「乞巧樓」，樓上供奉牛郎、織女，樓下陳設香案，小朋友和婦女跪在香案前，焚香祭拜，香案上有花有果，有酒有肉，有筆墨紙硯，有女紅針線，還有磨喝樂。這說明磨喝樂也是祭拜牛郎、織女的供品

▲（宋）佚名《秋瓜圖》，現藏於臺北國立故宮博物院

▲宋朝七夕摩睺羅，出自王弘力《中國古代風俗百圖》

▲（宋）玉童子，手擎荷葉，疑即摩睺羅造型，現藏於臺北國立故宮博物院

▲（宋）玉鴨，現藏於臺北國立故宮博物院

之一。

「磨喝樂」一詞，是漢語對外來語的音譯，在宋朝文獻中譯法不一，有的寫成「摩喝樂」，有的寫成「魔合樂」，有的寫成「暮合樂」（這個譯名令人浮想聯翩），還有的寫成「摩睺羅」，簡稱「摩羅」。

《武林舊事》第三卷「乞巧」條：

七夕前，修內司例進摩睺羅十桌，每桌三十枚，大者至高三尺，或用象牙雕鏤，或用龍涎佛手香製造，悉用鏤金，珠翠衣帽，金錢釵鐲，佩環珍珠，頭髮及手中所執戲具皆七寶為之，各護以五色鏤金紗櫥。制閫貴臣及京府等處，至有鑄金為貢者。

七夕之前，專門負責製造大內用具的修內司（相當於清宮內務府麾下的造辦處）按照慣例，要造出十桌摩睺羅，每桌三十個，共三百個。這些摩睺羅有大有小，最大的一公尺左右，與幼童一般大小。材質也不一樣，有的用整根象牙雕刻而成，有的用整塊龍涎香雕刻而成。無論何種材質的摩睺羅，一律鏤金，用珍珠和孔雀毛做衣服，頭戴金釵，腕佩玉鐲，摩睺羅手中拿的玩具也用金銀、琉璃、硨磲、瑪瑙等珍貴材料製成。各路制置使、安撫使、安撫大使等軍區長官，以及臨安知府等高級文官，也要向大內進貢摩睺羅，為了得到皇帝的歡心，有人甚至用純金來打造。

如此貴重的玩偶娃娃，窮苦百姓肯定買不起，他們只能買泥娃娃，或者買蠟娃娃。兩宋時期，泥娃

娃製作最精巧的地方是平江府，也就是現在的蘇州。查明修《姑蘇志》，第五十六卷稱：「宋袁遇昌居吳縣木瀆，善塑化生摩睺羅，每摶埴一對，價三數十緡，其衣襞腦囟，按之蠕動。」宋朝有一個巧手匠人袁遇昌，住在蘇州木瀆鎮，擅長製作摩睺羅，每捏一對，價值三千文到幾萬文，若按北宋承平時節銅錢購買力，三千文相當於現在臺幣一萬元。一對泥娃娃而已，憑什麼賣這麼貴呢？因為袁遇昌的手藝太高明了，他的泥娃娃居然會暗藏機關，摸摸衣服會動，按按頭頂也會動，簡直像真娃娃一樣。

蠟娃娃的工藝要簡單得多，宋朝市面上有現成的模具，買一副帶回家，將黃蠟熔化，灌入，冷卻後打開模子，就是一對成型的蠟娃娃，可以給小孩子當玩具。怎麼玩呢？弄一大盆水，將蠟製摩睺羅放進去，載沉載浮，彷彿現在的塑膠娃娃。

《歲時廣記》第二十六卷稱：「七夕以黃蠟鑄為牛、女人物，及鳧雁、鴛鴦、鸂鶒、魚龜、蓮荷之類，彩繪金縷，謂之水上浮。」用熔鑄黃蠟之法，除了可以塑造摩睺羅，還可以塑造牛郎、織女，以及大雁、野鴨、鴛鴦、紫鴛鴦、金魚、烏龜、蓮花、荷葉等水生動植物。將這些蠟製玩具塗上顏色，放在水盆中，名曰「水上浮」。

七夕是愛情的節日，不是求子的節日，更不是兒童節，摩睺羅這種玩偶娃娃和水上浮等兒童玩具為什麼會大行其道呢？

當代史學家鄧之誠先生為《東京夢華錄》做注，認為摩睺羅即是羅睺羅，而羅睺羅是釋迦牟尼的兒子。宋朝佛教昌盛，佛教世俗化加深，人們在七夕購買摩睺羅，是對佛子羅睺羅的紀念。羅睺羅幼年即出家，所以摩睺羅也是幼童的樣子。

我覺得鄧先生的說法很有道理。

## 中西合璧七月半

七夕摩睺羅究竟是不是佛教文化影響的結果呢？我不敢說一定是。但我可以肯定，七月十五中元節一定受了佛教文化的影響。

七月十五中元節，又名「鬼節」、「盂蘭盆節」、「盂蘭節」，這是一個中西合璧的節日，先後被儒家、道教與佛教染上顏色。

七月十五，古稱「小秋」，意思是秋天過了一小半，一部分莊稼成熟了，可以拿來祭告先祖。早在周朝，我們就有小秋祭祖的傳統，只不過尚未固定在七月十五而已。

漢魏時期，道教興旺，將正月十五、七月十五、十月十五這三天定為上元、中元、下元，並拿出道教神仙裡的三官與三元相配，又將小秋祭祖固定在中元，也就是七月十五。從此以後，七月十五不僅要

祭祖，還要敬天，要請道士打醮，請神仙賜福。

隋、唐時期，佛教發展成熟，大部分佛教經典都被翻譯出來，印度佛教中的盂蘭盆法會也在中土生根發芽，與我們七月十五敬天祭祖的傳統結合在一起。

按照《盂蘭盆經》上的說法，佛陀有一個神通廣大的弟子目犍連，簡稱目連，用天眼神通觀察地獄，看見自己的母親在那裡受難：身體被倒吊起來[10]，饑渴難忍，無論吃到什麼食物，都會在喉嚨裡變成火焰。目連使用各種神通來解救母親，都失敗了，他懇求佛陀幫忙。佛陀說：「你母親生前惡業深重，我的法力也無法救她，除非她自己悔改，你再做一場法事來超渡她。」目連遵從佛陀的教導，在七月十五那天大做法事，超渡母親以及一切餓鬼，幫助母親脫離了苦海。

儒家提倡孝親，目連救母的故事剛好能體現孝道，我們固有的文化與佛教文化一拍即合，七月十五中元節在敬天祭祖之外，又多了一層施捨餓鬼、超渡冤魂的悲憫色彩。

《歲時廣記》第三十卷詳細介紹了宋朝人中元祭祖和施捨餓鬼的儀式，原文比較晦澀，用白話文轉述如下。

---

10　「盂蘭盆」的梵文本義就是「倒懸」。

祭祖的桌上鋪一層楝葉（這一點與七夕祭拜牛郎、織女相似），楝葉上陳設瓜果、鮮花、田地裡剛剛收穫的穀物。桌面有四個角，捆紮四小捆芝麻稈，分別壓在四個角上。桌下還有四條腿，每條腿上也綁一小捆芝麻稈。將祭桌收拾整齊，抬到已經亡故的父母長輩牌位前面，拈香叩頭三次，將線香插在祭桌上，最後再叩頭一次，禮成。

宋朝人祭祖，平常是有酒的，但中元祭祖沒有酒，也沒有肉，純素。為何不用葷酒做供品呢？因為宋朝中元節的佛教氣氛很濃，佛教戒殺生，戒飲酒。

為什麼要用芝麻稈來裝飾祭桌的四個角和四條腿呢？《歲時廣記》沒有給出解釋，我們大膽猜測，可能是因為芝麻稈比較吉利——芝麻開花節節高嘛！

祭過祖，再施捨餓鬼。後者儀式簡單，普通老百姓施捨餓鬼，不用請高僧做法，不用搭彩棚、放焰口，只需要上街買一個「盂蘭盆」，買一幅目連的畫像，再買一掛紙錢。「盂蘭盆」是梵語音譯，本義「倒懸」，引申義「受苦」；可是到了宋朝，這個外來詞被誤讀，被當成一種實實在在的盆狀器皿。當時街市上出售的盂蘭盆，用竹子做成：一根竹子，頂端劈成四、五個分叉，將分叉掰開，中間卡住一只竹圈，用紙糊底，即成簡易的高腳盆子。在盆底撒幾粒煮熟的大米或者黃米，放一幅目連畫像，在分叉上掛一串紙錢，用火點燃，一起燒掉。

大宋朝廷相當重視中元節，規定每年七月十四、七月十五、七月十六放假，讓大家回家祭祖，焚燒盂蘭盆。北宋前期，宋太祖和宋太宗在位時，開封中元節甚至像元宵節一樣，有連續好幾天的大型燈展。宋太宗淳化元年（九九〇年）起，可能覺得中元節應該是一個鬼氣森森的節日，不應該搞得那麼熱鬧，於是取消了中元節的燈展。

## 大宋中秋無月餅

鬼氣森森的中元節過後一個月，緊接著是仙氣滿滿的中秋節。

我先劇透一下：宋朝中秋節，沒有月餅。

據說蘇東坡寫過一首關於月餅的詩，只有四句：

小餅如嚼月，中有酥與飴。
默品其滋味，相思淚沾巾。

小巧精緻的月餅，像月亮一樣渾圓，裡面包著奶油（酥）和糖稀（飴）。奶油很膩，糖稀很甜，放了奶油會很軟，這種月餅我喜歡。

可惜的是，蘇東坡沒有寫過這首詩。我的意思是說，這首關於月餅的詩完全是後人偽造的。

第一，這首詩根本不押韻，無論按照今韻還是按照古韻，都不押韻。憑蘇東坡的才華，他會水準低劣到去寫一首不押韻的詩嗎？

第二，一九八二年中華書局編撰《蘇軾詩集》，二〇〇一年曾棗莊主編《三蘇全書》，二〇〇四年孔凡禮付梓《三蘇年譜》，已經將存世的所有東坡詩詞都納入囊中，其中《三蘇全書》還專章收錄了未能終篇的詩詞以及可能是偽作的詩詞，其中都沒有這首所謂的月餅詩。

第三，從現存的宋朝食譜和風俗文獻可以看出，宋朝人在中秋節期間並沒有吃月餅的習俗。

南宋金盈之《新編醉翁談錄》載有〈京城風俗記〉，那時候過中秋，流行少男、少女拜月，闔家聚餐吃瓜果，餐桌上不見月餅。

宋元話本《錯認屍》裡也有都城市民過中秋的場景：「忽值八月中秋節時，高氏交小二買些魚肉、果子之物，安排家宴。」仍然不見月餅。

南宋遺老周密所作《武林舊事》中倒是出現了「月餅」一詞，但是它出現在「蒸作從食」一章，與饅頭、包子放在一起，估計是蒸熟的，而不是像後來真正的月餅那樣烤製而成。同書第三卷描寫全年風俗，中秋期間仍然是賞月、吃瓜果，餐桌上不見月餅。

文獻中真正可以確證為月餅，可能要到明代北京縣令沈榜所作的《宛署雜記》：「士庶家俱以是月

造麵餅相遺，大小不等，呼為月餅。」以及明代崇禎年間太監劉若愚所作的《酌中志》：「八月，宮中賞秋海棠、玉簪花。自初一日起，即有賣月餅者，至十五日，家家供奉月餅、瓜果。」

根據民間傳說，月餅是元末明初時發明的：老百姓受不了蒙古侵略者的野蠻統治，策動者用渾圓如滿月的餡餅做信物，餡餅裡暗藏「八月十五殺韃子」的紙條，分送各家各戶，相約在中秋那天起兵抗元。後來侵略者被趕跑了，明朝建立了，月餅也就做為勝利的見證被傳下來了。這個傳說婦孺皆知，但不見於史籍，未知真偽。

宋朝中秋無月餅，但是就宋朝人在製作麵點和糕點方面的成熟技藝，他們完全有能力加工出真正的月餅。

且看南宋食譜《吳氏中饋錄・酥餅方》：

油酥四兩，蜜一兩，白麵一斤，溲成劑，入印，作餅，上爐。或用豬油亦可，蜜用二兩尤好。

這裡「油酥」可能是奶油，也可能是在蒸過的麵粉裡摻入豬油或者植物油以後揉成的酥軟麵團。四兩油酥、一兩蜂蜜、十六兩白麵，揉成麵劑，放進模子，出模成型，上爐烤熟，除了沒有餡之外，它已經是相當酥軟、相當香甜的月餅了。遺憾的是，宋朝食譜給它取的名字是「酥餅」，不是「月餅」。

再簡單概括一下我的觀點：

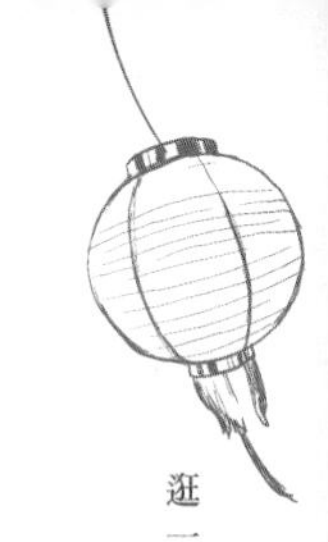



第一，宋朝人已經掌握加工月餅的基本工藝；

第二，宋朝人過中秋沒有吃月餅的習俗；

第三，宋朝有一種麵食名叫「月餅」，不同於我們心目中的月餅，也不是宋朝中秋的節令食品。

## 杯中茱萸酒，頭上重陽糕

中秋過後是重陽。

關於重陽節，有一首最著名的唐詩：

獨在異鄉為異客，每逢佳節倍思親。
遙知兄弟登高處，遍插茱萸少一人。

這是王維寫的，題為〈九月九日憶山東兄弟〉，反映了唐朝重陽的兩個習俗：登高，插茱萸。

從唐朝到宋朝，習俗變了不少，重陽登高的風氣還在，茱萸卻不再插了。

茱萸，開黃花，結紅果，落葉小喬木，重陽節時，小紅果掛滿枝頭，長而圓，彷彿一樹熱情似火的觀賞辣椒。唐朝人將一枝茱萸剪下來，不但插在高崗，而且插在頭上，男男女女滿頭紅果。可是在宋朝呢？人們頭上插的不是茱萸，而是菊花。

宋朝詩人王洋寫道：

一歲又聞禾黍熟，百年惟喜甲兵休。

人生佳節真難遇，莫惜重陽菊滿頭。

另一位宋朝詩人劉季孫寫道：

四海共知霜鬢滿，重陽曾插菊花無。

聚星堂上誰先到，欲傍金樽倒玉壺。

宋朝還有一位王詵（王駙馬），是蘇東坡的好朋友，他在詞中寫道：「戴了黃花，強飲茱萸酒。」這裡的「黃花」也是菊花，重陽節時，戴到頭上去。

蘇東坡詞中寫得更明確：

與客攜壺上翠微，江涵秋影雁初飛，塵世難逢開口笑，年少，菊花須插滿頭歸。

這首詞調寄〈定風波〉，標題是〈重陽括杜牧詩〉。

蘇東坡的門生黃庭堅也填過內容相似的詞：

節去蜂愁蝶不知，曉庭環繞折殘枝，自然今日人心別，未必秋香一夜衰。

無閒事，即芳期，菊花須插滿頭歸。宜將酩酊酬佳節，不用登臨送落暉。

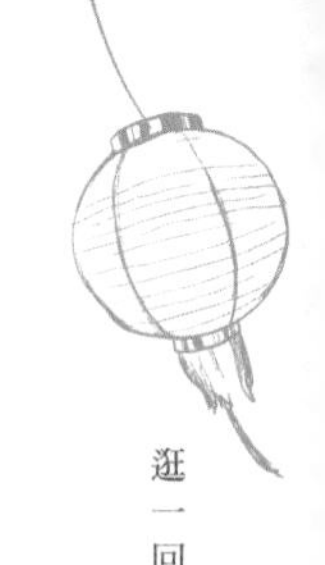

▲（宋）緙絲《盆菊詩意簾》，現藏於臺北國立故宮博物院

唐朝重陽插茱萸，宋朝重陽戴菊花，茱萸在宋朝是不是退役了呢？並沒有。《歲時廣記》第三十四卷「茱萸酒」條：

北人九月九日以茱萸研酒，灑門戶間辟惡，亦有人入鹽少許而飲之。男摘二九粒，女一九粒，以酒嚥者，大能辟惡。

宋朝北方人過重陽節，將茱萸的果實研碎，泡在酒裡，灑到門窗上，據說可以辟邪。也有人在茱萸酒裡撒少許鹽，喝下去。用茱萸泡酒有講

▲（金）定窯菊瓣百褶盤，現藏於臺北國立故宮博物院

究，男人要泡十八顆茱萸果，女人則減半，倘若數目不對，則辟邪效果不佳。

宋朝重陽節，喝的是茱萸酒，吃的是重陽糕。

據《東京夢華錄》，北宋開封重陽之前一、兩天，人們互贈重陽糕，該糕用米粉和麵粉做主料，摻入松子、栗黃、銀杏肉、石榴籽兒，捏成文殊菩薩騎獅子的造型，再用綢布剪成小旗，插在獅子頭上。

而據《歲時雜記》，還有一種重陽糕叫做「萬象糕」，在糕上裝點許多泥捏的小象。萬象糕的諧音是「萬象高」，意思是萬事萬物都能交到好運氣。又有一種「食祿糕」，在糕上裝點麵塑的小鹿。鹿與「祿」同音，小孩子吃了這種糕，長大能食祿，也就是做官。

《新編醉翁談錄》第四卷則說，九月初九天剛亮，父母切一片重陽糕，放到孩子頭頂上，念念有詞祝告道：「百事皆高，百事皆高，百事皆高！」這些望子成龍的家長希望自家孩子各方面都優秀，不能輸給別人家孩子。

# 第七章　十冬臘月

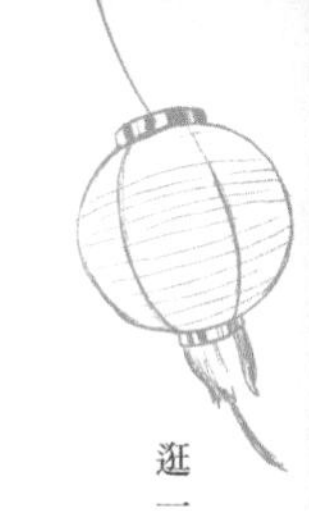



## 十月初一暖爐會

十月初一不是節日，勝似節日。

進入十月就等於進入冬天，所以十月初一成了皇帝賞賜寒衣的日子。從宗室子弟到太監頭領，從大內侍衛到邊關將士，以及一切有爵位的貴戚和大臣，都能獲得御賜的錦袍和布匹。

既然進入十月等於進入冬天，所以十月初一也成了皇帝恩准使用火爐的日子。老百姓用火爐沒人管，只要你燒得起柴禾和煤炭，想怎麼用就怎麼用，一年三百六十五天燒爐子都沒問題。後宮嬪妃和各級衙門則不能隨便用火爐。第一，隨便生爐子，容易引發火災；第二，後宮和衙門的燃料是靠公家供應的，如果不限制使用時間，會造成巨大浪費。

從十月初一起，到正月三十止（如正月為小月，則到正月二十九），後宮、內侍省、翰林院、政事堂、樞密院、御史臺、太僕寺、光祿寺、宗正寺、大理寺、國子監、少府監、將作監、司天監，以及地方上的轉運司、提刑司、常平司、經略安撫司、府衙、州衙、縣衙……都可以生起爐子取暖，其他時間則不行，除了伙房裡做飯和燒茶，任何人不許開爐。

宋朝皇帝溫情脈脈，待大臣如親友，《歲時雜記》稱：「朝堂諸位自十月朔設火，每起居退，賜茶

酒，盡正月終。每遇大寒陰雪，就漏舍賜酒肉。」政事堂是宰相和副相的辦公場所，從十月初到正月底，相臣們在政事堂值班時，每天都能得到皇帝賞賜的熱茶和溫酒。碰上大雪天氣，相臣們凌晨上朝，在待漏院等候皇帝，皇帝不忍心他們受凍，會派太監去待漏院送酒、送肉，為這些臣子補充熱量。

地方小官和平頭百姓當然沒資格得到御賜的酒肉，但是他們可以自得其樂，在十月初一這天與親朋好友熱熱鬧鬧地小聚一番。《歲時雜記》稱：「京人十月朔，沃酒及炙臠肉於爐中，圍坐飲啖，謂之暖爐。」北宋開封人在十月初一那天，生起火爐，燙酒烤肉，一幫人圍著爐子暢飲，這種宴會叫做「暖爐會」。

另據《東京夢華錄》記載，十月初一還是北宋開封人上墳祭祖的日子：

十月朔，都城士庶皆出城饗墳，禁中車馬出道者院及西京朝陵，宗室車馬亦同，如寒食節。城市內外已於九月下旬賣冥衣靴鞋席帽衣段，以備此朔燒獻。

上至皇室，下至百姓，十月初一那天都趕著車馬出城上墳，像寒食節和清明節一樣。所以從九月下旬起，開封城裡和城郊都有人售賣冥衣、冥幣，供這天上墳祭祖之用。

## 冬至大如年

冬至是一個節氣，通常在農曆十一月來到。

在現代中國，冬至平平常常，北方人過冬至，無非吃一頓餃子而已，為的是預防一年當中最冷的時節——據說吃餃子可以避免凍掉耳朵。南方稍微隆重一點點，一要祭祖，二要「燒臘」，即在正餐湯圓之外，再加一頓冬至肉。

現代人可能想像不到，宋朝人過冬至，竟然非常非常隆重，隆重到了幾乎能和新年相媲美的地步。其實這也不奇怪，因為古人重視冬至是有歷史淵源的。早在周朝立國之後不久，那位不世出的大政治家周公就將冬至定為一年的開端，這個規矩直到漢朝的漢武帝當政後才取消。也就是說，冬至之所以被重視，是因為它曾經被重視。冬至之所以被過成新年，是因為它曾經被過成新年。

《武林舊事》云：「都人最重一陽賀冬。」意思是南宋首都杭州的市民最重視冬至。有多重視呢？「婦人小兒，服飾華炫，往來如雲。」新年要穿漂亮衣服上街，冬至也要穿上漂亮衣服上街。「岳祠城隍諸廟，炷香者尤盛。」新年要去廟裡拜拜，冬至也要去廟裡拜拜。「三日之內，店肆皆罷市，謂之做

節。」新年期間能休假都休假了，冬至期間同樣要休假，連店鋪都關門三天，回家過節。「朝廷大朝會慶賀排當，並如元正儀。」大年初一有例行朝會，皇帝接受文武百官及各國使臣的朝拜，冬至這天同樣有例行朝會，皇帝同樣要接受文武百官及各國使臣的朝拜。

司馬光著有《居家雜儀》，這是一本有關禮儀的小冊子，書中寫到：

賀冬至、正旦六拜，朔望四拜。

晚輩過節向長輩磕頭，平常磕四個，過冬至與過新年時卻要磕六個。為什麼冬至與新年要磕同樣的頭？因為冬至在宋朝人心目中非常重要，幾乎不亞於新年。

新年到來，宋朝地方官要向皇帝上〈賀正表〉，內容是一大堆吉祥話；到了冬至，地方長官則要向皇帝上〈賀冬表〉，內容非常接近，還是一大堆吉祥話。可是過端午、過中秋、過重陽的時候，地方官就沒有必要給皇帝寫這些吉祥話了，因為這些節日沒有冬至重要。

宋朝人重視冬至，還有一個原因，見於金盈之《新編醉翁談錄》：

自寒食至冬至，久無節序，故民間多相問遺。

一年三百六十五天，傳統節日實在不少，按照時間順序排列，依次是新年、元宵、春社、寒食、端午、七夕、中元、秋社、中秋、重陽、冬至、臘八、祭灶、除夕……其中新年與除夕頭尾相連，元宵實

▲現代泥塑再現宋朝街景，攝於河北唐山麻龍灣《清明上河圖》泥塑園

▲（南宋）馬遠《曉雪山行圖》，現藏於臺北國立故宮博物院

際上屬於春節的尾聲，七夕是女人的節日，中元鬼氣森森，透著不吉利，春社、秋社、中秋、重陽則全在農忙時節，故此在新年過後的大半年之內，絕大多數老百姓都沒有機會再來一次節日的狂歡。只有到了冬至，秋收冬藏均已完結，親朋好友久不相聚，終於可以趁此節氣好好慶祝一回了，於是冬至就被民眾集體推到了前臺，想不粉墨登場都不可能。

## 冬至也守歲

不客氣地說，宋朝老百姓在過節方面缺乏創意，他們慶祝冬至的方式是模仿新年，新年搞什麼活動，冬至就搞什麼活動，一樣都不能少。

所有的華人都知道，在大年初一的前一天晚上，也就是除夕，我們是有守歲傳統的：一家人圍爐聚餐，聽著鞭炮聲，吃著團圓飯，看著電視，打著麻將，等著新年鐘聲敲響。

而宋朝人過冬至居然也守歲。

唐朝人將初一的前一天晚上叫「歲除」，宋朝人管冬至的前一天晚上叫「冬除」。歲除守歲，冬除也守歲，用宋人金盈之在《新編醉翁談錄》裡的話說：「大率多仿歲除故事而差異焉。」冬至守歲的規矩和除夕守歲差不多。

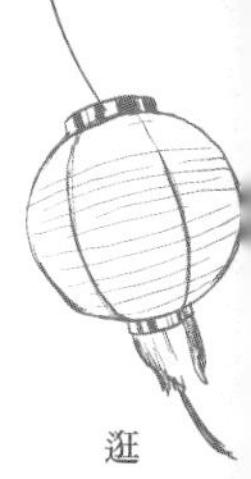



守歲之前，先祭祖先。冬至祭祖用三牲：牛、羊、豬。將牛肉、羊肉、豬肉各煮一盤，端到祖宗牌位前供上。如果朝廷禁止宰殺牛[11]，則用魚或者雞來代替。

三牲擺在供桌之上，呈品字形排列，中間再放入一盤菜餚、一盤米飯或一盤饅頭，飯上插以樹枝，樹枝上黏一朵紙花，然後家中男性按輩分排好位置，集體向祖宗叩頭，是為祭祖。

祭過祖先，應該「散福」，也就是將供品撤下，大家一起吃喝。吃喝的時候全家老小團團圍坐，就像除夕時吃年夜飯一樣。

吃過這頓冬至版的「年夜飯」，大人就可以入睡了，小孩子卻要圍著火盆、吃著零食、玩著銅錢，像過除夕一樣守歲，直到次日凌晨才能上床睡覺。

生於南宋、死於元朝的宋朝遺老吳自牧說過：

冬至歲節，士庶所重，如饋送節儀，及舉杯相慶，祭享祖宗，加於常節。

說明宋朝人過冬至既要祭祖和守歲，又要向親朋好友饋送節禮。

冬至的節禮比較簡單，一般是兩碗米飯或者兩個饅頭，再加一碗剛剛煮好的餛飩，放到一張紅漆木盤之上，讓小孩子端著去親族及四鄰家裡分別饋送。

送節禮的時間卻要特別早。冬至那天凌晨四、五點鐘，家裡的大人趕緊起床，煮出一大鍋前一天包

好的餛飩，與前一天蒸好的饅頭或米飯放到一個木盤裡，如此這般備辦七、八個木盤，指派小兒女向各家各戶分送。

送這種節禮是不吃虧的，並不像肉包子打狗有去無回，因為張家將自家的餛飩、饅頭和米飯送給了李家，李家也會將他家的餛飩、饅頭和米飯送還給張家，等於是雙方在交換節禮。確切地說，不是雙方在交換，而是十幾家甚至幾十家在交換：小明家的餛飩送到了小強家，小強家的餛飩送到了小紅家，小紅家的餛飩送到了小麗家，小麗家的餛飩又送到了小明家……送到最後，每家餐桌上都有了其他很多家的飯食，彷彿是在集體交流廚藝。

11　古代中國是農耕社會，歷代皇帝為表明重視農耕，多禁殺耕牛，但這種禁令大多流於形式，實際執行的機會偏少。

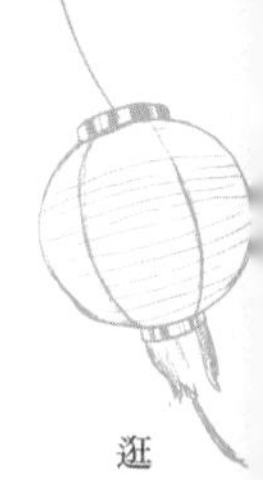



在宋朝統治下的大部分疆域，冬至都是很冷的，冬至的早晨就更冷了，這時候讓小孩子端著木盤在寒冷的空氣中來回饋送，怎麼看都涉嫌虐待兒童。但是孩子們未必會覺得苦，因為他們喜歡熱鬧。更重要的是，他們還能得到實實在在的回報：收到節禮的親鄰通常會發給小孩幾枚銅錢做為節賞，而所發銅錢的數目一般要等同於小孩的年齡。比如說小明七歲，當他去小強家送節禮的時候，小強的爸爸會給他七文錢；小強八歲，當他去小明家送節禮的時候，小明的爸爸會給他八文錢。

可能正是因為宋朝有這樣的風俗，所以大人們才會讓小孩子去送節禮。您想啊，假如一個四十歲的大男人也去送節禮，別人該給他多少節賞呢？給少了不合規矩，可要是按年齡給，是不是顯得這個送節禮的成年人太愛占小便宜了呢？

現在南方人過冬至流行吃湯圓，北方人過冬至流行吃餃子，宋朝人過冬至則以餛飩為主食。

宋朝人的飲食概念頗為特殊，他們說的「炊餅」實際上是饅頭，他們說的「饅頭」實際上是包子，他們說的「包子」實際上是用菜葉裹餡兒的菜包，而他們說的「餛飩」，實際上正是現代人所說的餃子。

剛才說宋朝人過冬至以餛飩為主食，實際意思就是他們過冬至以餃子為主食。過冬至吃餃子，和今日中國大陸的北方人沒有區別。

讀者諸君可能會表示質疑：餛飩是餛飩，餃子是餃子，餛飩怎麼能和餃子畫等號呢？

沒錯，現在的餛飩和餃子是有區別：餛飩皮薄餡少，餃子皮厚餡多，餛飩多用方皮，餃子多用圓皮。可是宋朝人說的餛飩和現代人說的餃子完全是一回事，同樣是用圓皮包餡，同樣是包成半月形，中間鼓鼓的，兩頭尖尖的，邊緣扁扁的。

其實宋朝也有真正的餛飩——真的是餛飩，不是餃子。宋朝人包餛飩，包得很大、很複雜，造型像朵花，含苞未放，可以用鐵籤子串起來烤著吃，當時管這種食物叫「餶飿」（讀音如「骨朵」）。也就是說，宋朝的飲食概念有些變態，那時候的餛飩就是餃子，而那時候的餶飿才是餛飩。

金盈之《新編醉翁談錄》提到宋朝人過完冬至時常講的一句民諺：

新節已過，皮鞋底破。大擔餛飩，一口一個。

冬至這個盛大節日過完了，皮鞋的底子也踩破了，為什麼會踩破呢？可能是因為冬至那天到處送節禮的緣故吧。送節禮要準備很多餃子，可是由於這些餃子有來有往，既沒有送完，也沒有吃完，過完冬至還剩下一大批。怎麼辦？敞開了吃吧！

## 祭灶的時間

過完冬至，進入臘月，在臘月二十三或者二十四，是祭祀灶君的日子。

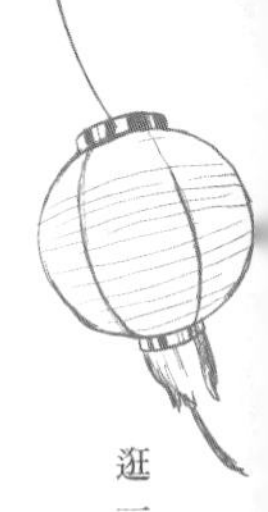



灶君是有無數化身的神仙，平日蹲踞在廚房裡，監察著所有人的一言一行，無論善惡都記錄在案。到了年底，他會回到天宮述職，將善惡檔案交給玉皇大帝，由玉皇大帝給予人類獎賞或懲罰。

中國老百姓是非常務實的，務實到了把他們所迷信的神仙都當成世俗官吏來敬奉的地步。世俗官吏需要禮敬，於是灶君也需要禮敬；世俗官吏可以收買，所以灶君也可以收買。

一年一度的祭灶，就是對灶君的禮敬和收買。

臘月二十四，百神上天，灶君也上天。其他諸神不負責記錄善惡，不太留意將人類的罪惡上報給天庭，唯獨灶神專負其職，將辱罵父母、欺虐鄉鄰、殺人越貨、坑蒙拐騙、偷雞摸狗、弄虛作假、亂扔垃圾、隨地吐痰等大小罪行一一記錄在冊，如實彙報給上天。試想一年三百六十天，誰沒做過一件壞事？如果讓灶君捅到天上，輕則犯頭痛，重則遭雷劈，那還得了？於是必須在灶君上天之前將其收買。

怎麼收買？一是送錢，二是送甜。所謂送錢，是指燒化紙錢，讓灶君笑納；所謂送甜，就是用餳糖、糖瓜、糖豆粥等又甜又黏的甜食黏住灶君的嘴，不讓他講話，即使可以講話，也只能講好話，不好意思講壞話。吃人嘴軟嘛，吃了人間那麼多甜食，哪好意思講人壞話？

南宋陳元靚編有一部風俗大全，名為《歲時廣記》，該書第三十九卷記錄了宋朝人收買灶君的時間和方式：

十二月二十四交年，都人至夜請僧道看經，備香酒送神，燒闔家替代錢紙，貼灶馬於灶上，以酒糟塗抹灶門，謂之「醉司命」。……每歲十二月二十四，新舊更易，皆焚紙幣，誦道佛經咒，以送故迎新，以為禳祈。

臘月二十四是灶君上天的日子，人們將那天稱為「交年」，意思是新年將至，和今天的「小年夜」差不多同義。如何度過「交年」呢？買酒、買紙錢、買灶馬。有錢人請和尚或道士念經，沒錢人自己念誦經咒。一邊念經，一邊用酒菜供奉灶君及其他神仙，同時還要用酒糟塗抹到灶門之上，據說這樣可以讓灶君上天之後暈頭暈腦，不會做出對人不利的彙報。最後呢，再為灶君燒化紙錢，將灶君的坐騎（紙馬）放在灶門口一同燒化，恭送灶君及百神上天。

這兩段文獻只提送錢，沒寫送甜，倒是南宋另一本風俗書籍《武林舊事》描寫了送甜之法：

二十四日，謂之交年，祀灶用花餳、米餌，及燒替代，及作糖豆粥。

花餳又叫「膠牙餳」，是煎熬成半固態的麥芽糖；米餌又叫「歡喜團」，是用蜂蜜拌成的糯米丸子。有麥芽糖，有歡喜團，有糖豆粥，宋人祭灶供奉的甜點竟然與今天完全相同。

陸游的老上司兼好朋友范成大寫過一首〈祭灶詩〉：

古傳臘月二十四，灶君朝天欲言事。

雲車風馬小留連，家有杯盤豐祭祀。
豬頭爛熟雙魚鮮，豆沙甘松粉餌圓。
男兒酌獻女兒避，酹酒燒錢灶君喜。
婢子鬥爭君莫聞，豬犬觸穢君莫嗔。
送君醉飽登天門，杓長杓短勿復云。

「古傳臘月二十四，灶君朝天欲言事。」說明宋朝灶君上天述職的時間和今天一樣，都是臘月二十四。

但今天祭灶選擇臘月二十三（只有極個別地區選擇臘月二十四祭灶），是在灶君述職的前一天進行祭祀；而宋朝人祭灶卻在臘月二十四（個別地區甚至拖延到臘月二十五），是在灶君述職的當天進行祭祀，為什麼？

我有一個大膽的猜想，它極可能錯得離譜，但是在尋找不到合理解釋的前提下，也算聊備一說：宋朝人祭灶之所以較遲，主要是因為宋酒的酒精度數較低。

▲近代中國百姓家中的灶君畫像，現藏於日本早稻田大學圖書館

我們知道，宋朝沒有蒸餾酒，只有未經蒸餾的釀造酒。釀造酒未經蒸餾，酒精度最高不可能超過十六度，通常度數只有七、八度而已。用這種酒祭灶，灶君易醉也易醒，假如二十三祭灶，二十四送神，則灶君上天時已然醒酒，對我等凡夫頗為不利，故此需要等到送神當天（也就是臘月二十四那天）再祭祀，確保灶君在醺醺然的狀態下上天。

至於我們現代人在臘月二十三祭灶，倒不一定是因為現在流行蒸餾酒，酒精度高，能讓灶君連醉兩天，而更可能是因為急於事功和愛慕虛榮。查明朝方志，江南已有民諺：「官三民四船家五。」官府二十三祭灶，百姓二十四祭灶，那些岸上無住宅、一家老小在船上生活的船民則遲至二十五才可以祭灶。船民一度被官府打入「賤民」的另冊，讓他們在二十五祭灶是出於歧視，而對老百姓哪天祭灶卻沒有限制。既然官府不限制，老百姓就蠢蠢欲動了，大家在「祭完收工」和「我家不能比鄰居晚」的心態下你追我趕，於是就將祭灶日期提前到了臘月二十三。

## 祭灶的規矩

前文抄錄了范成大的〈祭灶詩〉，該詩資訊量頗大，不但講明了宋朝的祭灶日期，而且講到了祭灶時的若干規矩：

「豬頭爛熟雙魚鮮，豆沙甘松粉餌圓。」供品包括熟豬頭一隻、鮮魚兩隻，還有豆沙餡的湯圓，有葷有素，有鹹有甜。至於膠牙餳、歡喜團、糖豆粥等甜食，祭灶時更是不可或缺，但是范成大的詩裡沒寫。他不寫，不代表沒有，因為詩歌畢竟不是流水帳，點到為止即可，不宜面面俱到。

「男兒酌獻女兒避，酹酒燒錢灶君喜。」供桌上要擺酒，祭灶時要燒化紙錢，只有男性可參與祭祀，女士們一邊涼快去。到了今天，南方仍有如此陋俗，這是男權時代遺留的孽習，應該剷除。

除了以上這些，宋人祭灶還有其他規矩。

第一，要為灶君備辦「甲馬」。

甲馬一詞在古文中有三種含義：一指披甲騎馬的士兵（如《東京夢華錄》云：「行軍巡檢部領甲馬來往巡邏。」），一指鐵甲護身的戰馬（如《宋史・兵志》云：「獲甲馬百匹。」），一指繪有戰馬、用來召喚神靈乘坐的黃紙[12]。祭灶用甲馬，指的是第三種甲馬，上畫戰馬，下畫雲朵，旁書神咒，祭祀後燒化，供灶君上天時乘坐。

第二，要為灶君備辦「料豆」。

「料」即草料，「豆」即黑豆，灶君的坐騎雖是天馬，卻和凡馬一樣要吃飼料，故此在燒化甲馬的同時，還要往火堆裡扔一把乾草和幾粒黑豆，供灶君的坐騎食用，只有吃飽了，才有力氣馱著灶君上天。

打個比方說，你給官員配備了汽車，同時也要配備汽油，不加油怎麼讓官員上路呢？

第三，不要忘了燒掉灶君的畫像。

甲馬和料豆都是為灶君準備的，灶君才是上天的主角，燒化了甲馬、乾草與黑豆，別忘了將牆上黏貼的灶君畫像撕下來，在供桌前燒掉。一邊燒，一邊默默念誦「上天言好事，下界保平安」、「上天言好事，回宮降吉祥」。

舊畫像燒掉，還要代之以新畫像，一如撕掉舊春聯，還要貼上新春聯。春聯是即撕即換，灶君畫像卻不能即燒即換，必須等到除夕，才能將新畫像貼到廚房裡。為什麼非要等到除夕呢？因為除夕是宋朝人認為灶君回宮的日子。

《歲時廣記》卷三十九〈臘月•誦經咒〉云：「每歲十二月二十四，新舊更易。」新舊更易主要指灶君更易，舊灶君卸任，新灶君並不隨即到任，還要等待天庭的指派任命，這時候你如果自作主張貼上新灶君，就等於民主選舉，是不會被天庭承認的。

第四，祭灶之後要照虛耗。

---

12 《水滸傳》中的「神行太保」戴宗每次作法行路之前必須將「甲馬」綁在腿上，這種甲馬就是畫了戰馬的黃紙。

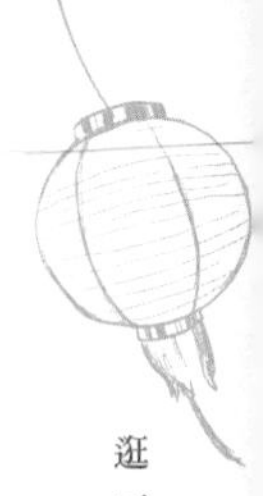



「虛耗」是百神當中的一種，它虛無縹緲，無色無形，不像灶君那樣監察善惡，也沒有庇護凡人的能力，但卻有搗蛋、添麻煩的能力。

小門小戶過日子，掙的沒有花的多，年底盤帳，怎麼算都入不敷出，不用問，虧空出來的差額準是讓虛耗給弄走了。而且虛耗很變態，臘月二十四祭灶送神，百神都去吃供享，吃飽了乖乖地飛升，唯獨虛耗不吃這一套，留在你家不走。怎麼辦？用火燒它的屁股，把它逼走。

灶君躲在廚房裡，虛耗卻躲在床底下。於是到了臘月二十四夜裡，在送走灶君以後，宋朝人開始發威了。他們準備好一盞盞油燈，一一點著，送入床底，從深夜點到天亮。這種風俗在宋朝叫做「照虛耗」，是人類向鬼神宣戰的壯舉。

可惜的是，鬼神未必存在，床底和油燈卻是實實在在的。白白點一夜燈，費油是小事，萬一火苗子變大，燒著了床才是大事。假如那床上還有人睡著，那就成了天大的事了。因此之故，照虛耗也是陋俗，風險很大的陋俗。

如果說冬至是新年的彩排和預演，那麼祭灶就是新年的發令槍。我的意思是說，過年很忙碌，需要做很多很多準備工作，例如打掃房間和備辦年貨，而在祭灶之前，這兩項工作是不能做的，只有祭完灶君、送完百神，才可以進行。

傳統中國和日本差不多，都是多神崇拜的國度，人們相信角角落落都可能有神靈居住：廚房裡有灶神，廁所裡有廁神，牆底下有太歲，床底下有虛耗，屋脊之上有姜太公端坐……從年頭到年尾，這些神靈一直蝸居在某處巋然不動，假如搬動家具、破牆動土，極可能觸犯某個神靈，使其動怒降災，為一家老小引來大禍。所以平日裡打掃塵土都要小心翼翼，翻修住宅更要燒香禮拜，家人活得憋屈，房子也活得憋屈。

到了臘月二十四，自由終於降臨了，因為灶君被送走了，各種神靈都被送走了，人類終於成了住宅的主人，想怎麼打掃就怎麼打掃，想怎麼翻修就怎麼翻修，無需磕頭，無需賄賂，短期內出現了權力的真空。

臺灣人在臘月二十四「清黗」，大陸人也有「二十四，掃房子；二十五，掃牆土」的民諺，而宋朝人同樣如此。

《歲時廣記》卷三十九〈臘月・掃屋宇〉云：「唯交年掃屋宇無忌，不擇吉。」只有到了臘月二十四，打掃房間才沒有禁忌，翻修房子才不用選擇吉日。從二十四到除夕，從舊灶君上天到新灶君下凡，在這一個星期左右的自由時間裡，每一天都是吉日，趁機趕緊將房間好好地打掃一新吧！

與此同時，臘月二十四以後也是採辦年貨的好日子。倒不是說祭灶送神之前不可以採辦年貨，而是

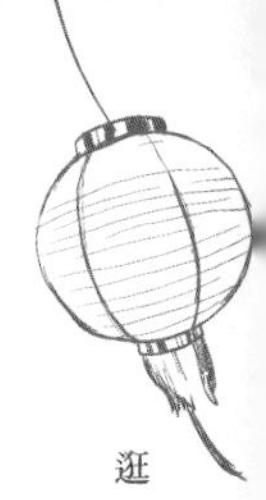



因為採辦過早的話，魚肉與蔬菜容易腐敗。

《東京夢華錄》載：

交年日以後，京師市井皆買門神、鍾馗、桃符、桃板及財門鈍驢、回頭鹿馬、天行帖子，賣乾茄瓠、馬牙菜、膠牙餳之類，以備除夜之用。

過了臘月二十四，大家開始買年畫、買春聯、買蔬菜、買糖果，熱熱鬧鬧採辦年貨，為即將到來的大年夜做準備。

History系列 041

# 逛一回鮮活的宋朝民俗

作者—李開周
副總編輯—邱憶伶
責任企畫—詹濡毓
封面設計—葉馥儀（FE設計）
版面設計—林樂娟
插畫繪製—燕王

董事長—趙政岷
編輯顧問—李采洪
出版者—時報文化出版企業股份有限公司
一〇八〇一九臺北市和平西路三段二四〇號三樓
發行專線—（〇二）二三〇六六八四二
讀者服務專線—〇八〇〇二三一七〇五・（〇二）二三〇四七一〇三
讀者服務傳真—（〇二）二三〇四六八五八
郵撥—一九三四四七二四時報文化出版公司
信箱—一〇八九九臺北華江橋郵局第九九信箱

時報悅讀網—http://www.readingtimes.com.tw
電子郵件信箱—newstudy@readingtimes.com.tw
時報出版愛讀者粉絲團—http://www.facebook.com/readingtimes.2
法律顧問—理律法律事務所 陳長文律師、李念祖律師
印刷—華展印刷有限公司
初版一刷—二〇一九年一月四日
初版六刷—二〇二三年十月二十六日
定價—新臺幣三八〇元
（若有缺頁或破損，請寄回更換）

時報文化出版公司成立於一九七五年，並於一九九九年股票上櫃公開發行，於二〇〇八年脫離中時集團非屬旺中，以「尊重智慧與創意的文化事業」為信念。

逛一回鮮活的宋朝民俗／李開周著.
--初版. --臺北市：時報文化，2019.01
面；　公分. --（HISTORY系列；41）
ISBN 978-957-13-7646-2（平裝）
1.民俗 2.節日 3.宋代
538.52　　107021610

ISBN 978-957-13-7646-2
Printed in Taiwan

U0027308